Renier-Frèduman Mundil

GeGlichenes

Band 1
Kurzgeschichten mit eingeschobenen Gedichten

AF282362

Renier-Frèduman Mundil

GeGlichenes

Band 1
Kurzgeschichten
mit eingeschobenen Gedichten

Impressum

Bibliografische Information der Deutschen
Nationalbibliothek:
Die Deutsche Nationalbibliothek verzeichnet diese
Publikation in der Deutschen Nationalbibliografie;
detaillierte bibliografische Daten sind im Internet über
http://dnb.dnb.de abrufbar.

© 2024 Renier-Fréduman Mundil
        Viola Hartmann
Covergestaltung Dan Winkler

Verlag: BoD • Books on Demand GmbH, In de Tarpen 42,
22848 Norderstedt
Druck: Libri Plureos GmbH, Friedensallee 273, 22763 Hamburg

ISBN: 978-3-7597-6860-5

Für

Christoph

Einleitung

Das Geglichene ist ein sprachlicher Platzhalter für das Gleichnis. Um eine Person besser zu verstehen, lohnt es sich, dessen ganze Familie zu betrachten: Das Familienmitglied Gleichnis besitzt viele Verwandte, offensichtlich nächste Verwandte wie Mutter, Vater, Bruder und Schwester ebenso wie von irgendeiner weit entfernten Seite eingeheiratete, adoptierte, dort gibt es ebenso Cousins 1.° (ersten Grades) wie nicht mehr nachvollziehbare Cousins 25.° (25sten Grades) und wahrscheinlich auch eine Reihe Familienmitglieder, die keine sind – solche, die einfach zur Hochzeitsfeier hineingegangen sind, obwohl sie keine Verbindung zur Familie hatten, aber sich als tief verbundenes Familienmitglied ausgegeben haben.

Eine bunte Mischung von Verwandtschaft, die sich Allegorie, Analogie, Vergleich, Simile, Lehrstück, Metapher, Sinnbild, Bildwort, Similiertes, Maschall und Nimschal und anderes nannten.

Da dieses Bild sehr bunt ist können wir uns leicht vorstellen, dass Gleichnisse nicht nur in der jüdischen oder christlichen Religion eine Rolle spielen, sondern auch in vielen anderen Religionen, Kulturen und Dichtungen.

Der unbestrittene Großmeister des Gleichnisses ist Jesus Christus. Er soll (pardon, habe nicht nachgezählt) 48 Gleichnisse im Neuen Testament erzählt haben.

Nachfolgend ein Auszug:

- Vom Feigenbaum (mit und ohne Früchte)
- Gläubiger und zwei Schuldner
- Haus auf Fels und Sand erbaut
- Vom Gast ohne Hochzeitskleid
- Von den klugen und törichten Jungfrauen
- Von der kostbaren Perle
- Kamel und Nadelöhr
- Neuen Wein in alten Schläuchen
- Vom Sauerteig
- Vom unbarmherzigen Gläubiger
- Schatz im Acker
- Senfkorn
- Anvertraute Talente
- Unkraut und Weizen
- Vom Weltgericht
- Vom ungerechten Richter
- Vom verlorenen Sohn
- Vom verlorenen Schaf
- Vom verlorenen Groschen

- Barmherziger Samariter
- Vom Sämann

Obwohl Christus für seine Gleichnisse den damaligen Alltag benutzte, es gab beispielsweise noch keine Straßenlaternen, jeder lief mit einer Öllampe, die Saat wurde nicht Millimeter exakt mit einer Maschine aufgebracht, sondern mit der Hand gestreut, da fielen schon mal Samenkörner auf Steine, unter Unkraut usw., obwohl er diese Situationen benutzte, die uns nur noch selten in unserem Alltag begegnen, hinterlassen sie trotzdem auch heute einen tiefen Eindruck. Sie sind leicht zu merken mit einer versteckten wichtigen Botschaft, die wir entdecken, denken wir darüber nach.

Beeindruckt hat mich unter anderem das Gleichnis von den fünf klugen und törichten Jungfrauen. Alle Zehn warteten auf den Herrn, der nicht zur erwarteten Zeit kam. Als er erschien, waren die Öllampen leer. Die fünf klugen Jungfrauen hatten Ersatz, füllten ihre Lampen nach und wurden in den Himmel zum Hochzeitsfest eingeladen. Die fünf törichten mussten erst in die Stadt, die Lampen aufzufüllen. Als sie an der Himmelspforte standen, war und blieb diese verschlossen. Sie waren zu spät, wegen ihrer Nachlässigkeit einen Moment zu spät und dieser kurze Moment bedeutete für sie, eine Ewigkeit vor der versperrten Himmelspforte stehen zu müssen.

Dieses Gleichnis erinnerte mich an eine Begebenheit mit meinem Vater. Wir reparierten zu Hause den Abfluss in der Küche und stellten kurz vor Ende fest, dass ein Stück fehlte. Also stürzten wir los, rannten zur U-Bahn, fuhren sieben Stationen und eilten zum nächsten Sanitärgeschäft. Damals gab es die großen, fast durchgängig geöffneten Baugeschäfte noch nicht, es gab keine Internetbestellung mit Eilzustellung am selben Tag. Das gab es alles noch nicht.

Wir erreichen das kleine Geschäft exakt 13:01 Uhr, 1 Minute nach Ladenschluss. Hinter der Glasscheibe sahen wir den Besitzer, der die Tür auf verschiedenen Ebenen verriegelte. Durch die Glastür konnten wir mit ihm reden, klagten unser Leid, ein Wochenende ohne normalen Ablauf des Spülwassers, nein, wir müssten jede Schüssel extra entsorgen. Es half alles nichts. Der Besitzer ließ sich nicht erweichen. Wegen einer

Minute standen wir vor dem verschlossenen Sanitärhimmel.

An diesem Tag gab es keinen zweiten Jugendlichen auf der Welt, der die fünf törichten Jungfrauen besser verstanden hat als ich.

Gleichnisse werden lebendig, betrachten wir sie durch unseren Alltag, selbst wenn dieser (aber nur äußerlich) anders aussieht als zur Zeit Christi.

Auch das Wort ‚Geglichenes' hat Verwandtschaft: Ausgeglichenes, Abgeglichenes, Beglichenes, Angeglichenes, Verglichenes und mit Sicherheit noch mehr Angehörige. Gesellen wir uns zu jedem dieser verschiedenen Familienmitglieder und betrachten so das Gleichnis aus den verschiedenen Positionen, dann ergibt sich aus allem ein rundes Bild, nachdem wir im Leben oft streben.

In jedem Gleichnis steckt eine Gleichung aus einigen Unbekannten.

1. AT + NT = BB oder
2. AT + NT = L

Die erste Gleichung ist simpel:

AT (Altes Testament) + **NT** (Neues Testament) = **BiB**el.

Die zweite Gleichung hat aber noch eine andere Lösung. AT ist nicht nur das Alte Testament sondern auch der AllTag.

A(ll)T(ag) + N(eues) T(estament) = Leben.

Das ist die Gleichung, die hinter den Gleichnissen steht: Der AllTag verknüpft sich mit dem Neuen Testament bzw. den dort so reichlich vorhandenen Gleichnissen und ergibt (=) das Leben. Und wer von uns versteht nicht gerne durch diese einfache Gleichung sein kompliziertes Leben.

Die folgende Sammlung enthält etwas über 60 Kurzgeschichten, jede Kurzgeschichte baut auf eine meist aus dem Neuen Testament stammende Bibelstelle eine gleichnishafte Geschichte. Da wir vier Kinder haben sind die Geschichten bewusst auf vier Bände aufgeteilt, ein kleines Vermächtnis an die Kinder, in ihrem bzw. dem Leben ihrer eigenen Familie den kostbaren Schatz der Gleichnisse, den Christus so oft verwandt hat, zu entdecken. Zwischen den Geschichten findet sich jeweils ein Gedicht, eine kurze Zeit zum Verschnaufen, eine kurze Zeit vielleicht doch zum Nachdenken, eine kurze Zeit vielleicht auch zum weiteren Vertiefen.

1.
Der Kopflanger

Der Junge stand in der kargen Behausung, die seinem Großvater Obdach bot. Ein einziger Raum, abgetrennt durch einen Vorhang wie im Tempel, ein Schlafgemach, in dem sich der Alte Tag für Tag zur Ruhe bettete.

Noch schaffte er es, seinen alten Körper allein zum Lager zu tragen. Die Nächte waren unruhig geworden, Erlebnisse vergangener Jahre erwachten in der Ruhe der Nacht und geisterten durch den Schlaf. Am Tage wechselten sie mit Müdigkeit, zum Ende kehrte sich alles in die Wachheit des Tages, in den Schlaf der Nacht, das Leben in den Tod.

Der Alte lag müde auf dem Boden, seine Augen reichten nicht mehr bis zum Eingang, wo der Junge stand. Kaum weiter die Entfernung, aus der seine Ohren noch gesprochene Worte wahrzunehmen imstande waren.

Mutter schickt dir diesen Laib Brot, sagte der Junge.

Der Alte hatte es längst gemerkt, seine Nase hatte nichts an ihrer Fähigkeit verloren, aus tausend Gerüchen einen einzigen herauszu-filtern.

Warum ungesäuertes, fragte der Alte, warum schickt deine Mutter ungesäuertes Brot?

Sie hat wenig Zeit. Das Vieh, Vater ist krank, sie muss die viele Arbeit allein schaffen.

Der Vater krank? Woran leidet er?

Wir wissen es nicht. Er redet nicht mehr. Kaum noch. Liegt tagelang auf seinem Lager. Manchmal steht er auf, taucht seine Hände in einen Wasserkrug und murmelt dabei unverständliche Worte.

Was du nicht sagst? Habt ihr die Worte nie verstehen können?

Selten, und dann nur wenige. Es sind immer dieselben. Aber kaum zu verstehen.

Erzähl! Woran kannst du dich erinnern?

Er spricht von Unschuld. Das Wasser ist unschuldig. Dass er sich deshalb die Hände darin wäscht.

Hat er es noch immer nicht überwunden?
Der Junge schwieg. Er wusste nicht, wovon der Alte sprach.

Er hat die Krone geflochten, sprach der Alte. Für einen König hat er die Krone geflochten.

Eine Krone?, fragte der Junge. Wer kann eine Krone flechten? Sie ist doch aus Gold und wird geschmiedet.

Es gibt viele Kronen. Aber nur eine aus Dornen.

Eine Dornenkrone? bohrte der Junge. Eine Dornenkrone, für wen ist eine Dornenkrone?

Für einen König. Das heißt, für jemanden, der ein König ist und er ist es dennoch nicht.

Ich verstehe deine Worte nicht, unterbrach der Junge.

Es ist anmaßend, nicht wahr? Wenn jemand behauptet, ein König zu sein und ist nur ein armer Zimmermann. Wie würdest du ihn bezeichnen?

Vielleicht ist er der König der Zimmerleute, weil er die schönsten Häuser bauen kann.

Davon sprach er, antwortete der Alte. Er wollte zu seinem Vater, um für uns dort Wohnungen zu bauen. Wir haben uns gefreut. Alle haben sich gefreut. Und plötzlich wollte er den Tempel einreißen. Unseren schönen, großen Tempel. Ja! Einreißen und in drei Tagen neu bauen.

Wie man kann einen Tempel in drei Tagen aufbauen?

Nicht so einen schönen wie unseren großen Tempel.

Deshalb hat er die Dornenkrone bekommen?

Ja, deshalb und wegen anderer Dinge. Das kannst du erst später verstehen.

Lausch eifrig, was der Rabbi dir erklären wird. Alles musst du dir merken. Es muss sich in deinen Kopf einbrennen, wie eine Kerze sich ins Papier frisst. Damit du es nie vergisst. Denn es werden andere, falsche Könige kommen. Er selbst hat es gesagt.

Vater hat die Dornenkrone geflochten? fragte der Junge stockend.

Sie haben ihn gezwungen. Die Soldaten. Verstehst du? Soldaten können dich zu allem zwingen. Auch eine Dornenkrone zu flechten

Ist er deshalb krank?

Es mag sein, erwiderte der Alte. Ich bin kein Arzt. Aber es kann der Grund sein.

Der Junge legte den Brotlaib auf den Tisch und verließ die Hütte. Kurz darauf kehrte er noch einmal zurück.

Was ist aus dem König mit der Dornenkrone geworden?

Sie haben ihn gekreuzigt. Er hat das ganze Volk durcheinandergebracht. Sie haben ihn gekreuzigt

Wo?

Der Alte streckte seine Hand aus.

Du musst in diese Richtung laufen. Immer nach Westen. Drei Stunden. Dann kommt ein Hügel. Dort hat er seine Strafe bekommen.

Ein zweites Mal verließ der Junge die Hütte. Er lief Richtung Westen. Wo die Sonne am Untergehen begriffen war. Hastig lief er, immer schneller, vor der anbrechenden Nacht am Hügel anzukommen.

Es war Nacht. Er zog seine Schuhe aus, seine Augen konnten nichts mehr sehen. Seine Füße mussten jetzt sehen. Sie traten auf kalte, runde Gebilde, die Schädel der zu Tode gebrachten. Langsam lief er den Hügel hoch. Er spürte einen Spalt in der Erde, von gewaltigen Erschütterungen in die Felsen gerissen.

Seine schmerzenden Füße rutschten unentwegt auf dem kalten Gestein aus. Mehrere Male konnte er sich nur mühsam aufrecht halten. Müde war er. Der Tag lang und anstrengend. Das Elternhaus weit entfernt.

Hier war es unheimlich. Bückte er sich, fassten seine Hände in die Augenhöhlen verwester Toter, die schwarze Nacht war eine Wand, immer schwieriger zu durchdringen, hinter der die Geister der Verstorbenen zu lauern schienen. Er hatte Angst. Was er tat war töricht, gefährlich zugleich. Als er nur wenige Schritte von der Spitze des Hügels entfernt war, schrie er laut auf. Sein Fuß war in ein Gebilde aus tausend Stacheln getreten.

Das Nest von Skorpionen? In seinen Augen wurde es noch tausendmal schwärzer als in der Nacht. Alles drehte sich. Sein kurzes Leben war daran, zu Ende zu kommen. Er stürzte und schlug hart auf die Felsen. Mit seinen zitternden Händen tastete er seinen Fuß ab. Er spürte ein rundliches Gebilde. Übersät mit Stacheln. Viele steckten in seinem Fuß.

Mit letzter Kraft sammelte er sich und riss das stachelige Gebilde aus seinem Fleisch. Aus den Poren seines Fußes blutete es. Ein weiteres Mal tastete er seinen Fuß ab. Zwischen dem warmen Blut spürte er vereinzelte Dornen, die er mit spitzem Griff aus der Wunde zog. Endlich spürte er keine Dornen mehr. Sich aufzurichten, fehlte ihm die Kraft. Er dachte an die Tiere der Nacht,

Skorpione und Schlangen, Wölfe, sie würden herumstreichen, nur um ihn zu suchen.

Seine Ahnungen hatten ihn nicht getäuscht. Deutlich vernahm er das leise Zischen der Viper, die sich ihm näherte. Das Geräusch verstummte, obwohl er nichts sehen konnte spürte er, wie sich die Schlange aufrichtete, um nach ihm zu stoßen. Es war ein ungleicher Kampf. Er besaß nicht die Spur einer Chance. Als der Kopf des Reptils durch die dunkle Nacht schoss, spürte er eine Hand, die seinen Arm ergriff. Sie zerrte seine Hand in die Höhe, im selben Augenblick, als die Schlange zustieß.

Der Kopf der Schlange landete zwischen den Dornen der Krone. Einen kurzen Augenblick. zitterte der geschlängelte Leib, dann fiel er tot zu Boden.

Am nächsten Morgen erwachte der Junge aus einem tiefen Schlaf. Im Osten küsste die Morgensonne die kalte Wüste. Auf ihm lag der Schatten eines Kreuzes, das sich im Licht der aufgehenden Sonne spiegelte. Die Wunden seines Fußes waren geschlossen, verheilt. Neben ihm lag der tote Körper der Viper. Alles war wie im Traum gewesen. Er blickte auf die runde Dornenkrone und spürte Trauer, dann

Verzweiflung, Wut mischte sich in seine Gefühle, zuletzt Hoffnung.

All die verschiedenen Gefühle lösten sich in ein warmes Brennen, das sich in seinem Herzen ausbreitete.

Er sah zum Kreuz empor, oben war ein Schild befestigt: „Der König der Juden".

Dann ist er auch mein König, sagte der Junge. Ich gehöre doch zu diesem Volk.

Er richtete sich auf und hob einen schweren Stein in die Höhe. Wuchtig fiel der Fels auf die Dornenkrone und zerschmetterte sie.

Er ist mein König!, rief der Junge. Dann ist er ja auch der König von meinem Vater. Mein Vater hat es nicht gewusst, als er die Krone geflochten hat. Ich werde ihm erzählen, was auf dem Schild steht.

Er wird sich freuen, dass ich unseren König gefunden habe. Und dann wird er mit mir sprechen. Wie früher, wie früher wird mein Vater wieder mit mir sprechen.

(Matthäus 27:29, 37)

2.
Zur rechten Seite

Herr,
Wer
Mag zu zählen,
Wie oft Du jeden
Meiner Schritte beschützt hast.
Du hast meine Last
Getragen
Und meinen Lebenswagen
Durch's dunkle Tal gebracht.
Herr, Du meine Freude,
Ich will ewig meine Bleibe
In Deiner Nähe suchen.
Will auf Dein Rufen
Hören.
Will den Anfechtungen wehren,
Damit ich nach dem letzten Tag
Einen Platz an Deiner Seite hab.

3.
Die hölzerne Erleuchtung

Die Reisegruppe fuhr in einem gepanzerten Bus durch die Wüste. Steine und Hitze prallten gegen die Außenhaut des Gefährts. Die Fenster waren klein, kleiner als die Luken eines Flugzeugs. Hoch oben über den Köpfen angebracht. Es war ratsam, nicht hinaus zu sehen. Für ihn war es egal. Er war blind. Mit zehn Jahren erblindet. Seit 20 Jahren war das Leben schwarz, am Tage und in der Nacht, nur unterbrochen, wenn bunte Bilder der Erinnerung in seinem Kopf auftauchten. Die Mandelblüte in seiner Heimat, mit einem Mal war sein Kopf viel bunter. Farben, er konnte sogar den Geruch der feinen Blüten spüren. Hier roch es nur nach dem Schweiß der anderen Menschen. Die Klimaanlage des Busses war ausgefallen, in den Schweiß der Mittagssonne mischte sich bei einigen Angst, Angst vor dem Törichten ihres Unterfangens, sich dieser Gefahr auszusetzen.

Eine Panzerfaust könnte ihren Bus treffen, eine Landmine ihn zerfetzen, Kugeln von Hecken-schützen ihren Weg durch undichte Stellen der Panzerung finden. Zum Glück geschah nichts.

Langsam erreichten sie sicheren Boden. Die Angst wich, ließ Raum für andere Gedanken. Das Leben war ungerecht. Es begnügte sich, dass die meisten Menschen sehen, nur einige blind waren. Worin bestand hier die Gerechtigkeit?

Damit nicht genug. Warum durften einige Blinde zu seinen Lebzeiten auf der Erde sein? Die Schrift war voll davon. Voll von Blinden, denen er das Augenlicht zurückgegeben hatte. Sicher, er lebte in der Zeit, wo die Medizin Tausenden das Augenlicht wiedergab. Meist, indem die getrübte Linse durch eine neue ersetzt wurde. Für seine Blindheit gab es keine Heilung. Die Zahl der vergeblichen Operation hatte er sich nicht mehr gemerkt, jedes Mal neue Hoffnung, jedes Mal eine größere Enttäuschung. Warum durfte er nicht zur damaligen Zeit leben?

Dafür hätte er die fragliche Annehmlichkeit eines Reisebusses gegen die Urwüchsigkeit eines Ochsengefährts eingetauscht. Alles hätte er unternommen, Dächer abgedeckt, um sich in seiner Mitte abzuseilen, Tunnel gegraben, plötzlich vor ihm zu stehen, sich in einer Palme verborgen, sein Gewand beim Vorbeigehen zu berühren. Das Buch war voll, voll von Blinden, denen er das Augenlicht wiedergegeben hatte.

Die Geschichte des Blinden kam ihm in den Sinn. Der war nichts anderes gewesen, als ein Versuchsobjekt, sein Schicksal mit einer Fangfrage zu verknüpfen. Er sah einen Mann, der seit seiner Geburt blind war. Da fragten ihn seine Jünger:

Rabbi, wer hat gesündigt? Er selbst oder haben seine Eltern gesündigt, sodass er blind geboren wurde.

Hatten nicht seine Eltern selbst gesündigt? Eine genetische Beratung und es wäre klar geworden, dass sie nicht heiraten durften, keine Kinder haben durften, weil sie blind werden. Mit welchem Recht hatten seine Eltern auf eine solche Untersuchung verzichtet? Mit welchem Recht hatten sie trotzdem geheiratet? Was für ein Egoismus. Die eigene Liebe über das Schicksal eines Kindes zu stellen. Er unterdrückte diese Gedanken. Seine Eltern hatten alles unternommen, damit er geheilt würde. Seine Vorwürfe waren nicht rechtens. Die Antwort hatte ihn verwundert. Niemand hat gesündigt. Das Wirken Gottes soll an ihm offenbar werden.

Er weigerte sich, Gedanken zu folgen, die in ihm hochkamen. So sprang er weiter, sprang zu dem Wunder selbst:

Als er dies gesagt hatte, spuckte er auf die Erde. Dann mischte er mit dem Speichel einen Teig, strich ihn dem Blinden auf die Augen.
Er schüttelte sich nicht einmal, obwohl es ihm vor nichts so ekelte wie dem Speichel eines anderen. Mit allen Ausscheidungen des menschlichen Körpers konnte er umgehen, selbst den widrigen, eitrigen, stinkenden Sekreten übler Wunden. Warum seine Abneigung? Als kleines Kind schon hatte er die heilende Wirkung von Speichel beigebracht bekommen. Das einfachste, mit einem verletzten Finger zu tun - oft hatte er sich an diesen exponierten Körperteilen verletzt - das einfachste, den Finger in den Mund zu stecken, in einen heilenden See aus Speichel.

Die Stimmung schlug um. Deutlich war es zu spüren. Draußen hatten sie eine besondere Gegend erreicht.

Wir werden in 10 Minuten im Hotel sein, verkündete der Reiseleiter. Morgen Vormittag,

10:00 Uhr, brechen wir auf zum Garten, zum Olivenhain.

Nachdem er sich eingecheckt hatte, die anderen lagen bereits im Bett, ließ er sich ein Taxi kommen. Es brachte ihn so dicht als möglich an den stillen Hain. Er überredete den Taxifahrer, ihn bis zur Stelle zu bringen. Die Nacht, die Dunkelheit, ohne Hilfe konnte er diese beiden Verschwörer nicht besiegen.

War es hier?

Ich weiß es nicht, antwortete der Fremde. Ich kann Ihnen zeigen, wo Mohammed in den Himmel aufgestiegen ist. Ob es der richtige Baum ist, weiß ich aber nicht.

Er verstand. An dieser Stelle endete das Wissen. Sein Gefühl musste jetzt einspringen.

Ich warte am Auto! sagte der Taxifahrer.

Sie brauchen nicht zu warten.

Ohne mich finden Sie nicht ins Hotel zurück.

Doch, erwiderte er, wenn ich die Stelle gefunden habe, finde ich allein zurück.

Der Andere machte kehrt, wunderte sich nicht einmal, zu viele seltsame Menschen hatte er zu diesem Olivengarten gebracht. Warum nicht auch einen Blinden in der Nacht, der meinte, allein zurückzufinden.

Das Gefühl drängte ihn vorwärts. Ruhe strahlte von den alten Bäumen aus, fest wie Felsen ruhte das zernarbte Holz in der dunklen Nacht, den Anker des größten Schiffes hätte man hier sicher vertäuen können. Als er mit seinem Kopf an einen knorrigen Ast schlug, überkam ihn ein seltsamer Schmerz. Viele Schmerzen waren ihm im Leben begegnet. Dieser war anders, ohne dass er es beschreiben konnte. Er war da, ohne dass man ihn fühlte. Genauso war es. Der Schmerz war da, aber er musste ihn nicht spüren. Dann konnte es sich nur um den Schmerz eines Anderen handeln. Es musste die Stelle sein.

Er kniete sich nieder, um die Zweige abzutasten, die sich auf den Knien erreichen ließen. Viele Meter rauen Holzes tastete er ab, manchmal bohrten sich winzige Holzsplitter in sein Fleisch, trotzdem fuhr er unermüdlich über das alte Holz.

Auf einmal fielen seine Finger in eine Vertiefung, fächerförmig, der Abdruck einer Hand, tief ins Holz gepresst. Seine Hand begann zu zittern. Heftig. Unsichtbare Fäden zogen seine Finger zurück, doch er presste sie nur noch tiefer ins Holz. Stärker wurde das Zittern. Er musste seinen Kopf auf die Hand legen, damit sie nicht herunterglitt.

Lange verweilte er in dieser Haltung. Der Nacken begann zu schmerzen. Krämpfe durchzogen seine Hand. Er spürte Tiere, die über seine Füße krochen, traute sich jedoch nicht, sich zu bewegen. Endlich hob er den Kopf, die angespannte Halsmuskulatur für einen Augenblick auszuruhen. Die Augen schmerzten. Seit Jahren hatten sie nicht mehr wehgetan. Intuitiv fuhr er mit seiner Hand über die schmerzenden Augen, den bohrenden Schmerz wegzudrücken, abzulenken, zu überlisten.

Er erschrak, als er die vielen Narben sah, die er sich im Laufe der letzten Jahre an der Hand zugezogen hatte. Die breite Wunde über dem Handgelenk, als er vor Jahren aus tiefer Verzweiflung nicht mehr weiterleben wollte. Das Mal in seiner Handfläche, als ihm früher ein anderer Junge als bösen Streich einen glühenden Holzstab entgegengehalten hatte, mit den Worten seiner Sprache aber als köstliches Stück Brot anpries.

Die weißen Narben hoben sich deutlich von der schwarzen Nacht ab. Er strich noch einmal über

den Ast des Olivenbaumes, seine Oberfläche war glatt, reines Samt. Abgeschlagen richtete er sich auf. Sicher ruhten seine Füße. Er betrachtete ein letztes Mal den Olivenast, brach sich einen winzigen Olivenzweig ab und lief dann mit sicherem Tritt ins Hotel zurück.
(Markus 10: 51,52)

4.
Vertauschter Platz

Ach Herr,
Wie sehr
Bin ich Dir dankbar,
Dass ich nicht war
Wie dieser Zöllner,
Der
Seinen Nächsten betrog,
Mit falschen Gewichten wog,
Zu keiner Zeit
Vor einem Meineid
Zurückschreckte.
Da deckte
Der Herr den Lebensspiegel auf
Und ich fand mich im Haus
Eines Zöllners wieder,
Während jener
In einen Maulbeerbaum geklettert war
Und den Herrn aus nächster Nähe sah.

5.
Der lebende Tod

Es war klar, klar und unvermeidlich. Irgendwann, noch nicht absehbar, vielleicht so plötzlich, dass er es nicht rechtzeitig bemerken konnte, irgendwann kam der Tod. In welcher Maskerade war ebenfalls nicht vorhersehbar. Der Tod war ein Spieler, ein Gaukler, der die Überraschung liebte. Die Überraschung des Zeitpunktes, wenn er auf die Bühne seines Lebens trat, die Überraschung der Kostümierung, vielleicht in Gestalt eines Hauptdarstellers, einer Person, die ihm nahestand, möglicherweise in Gestalt eines Statisten, dem er nie zuvor begegnet war.

Alles war egal, ohnehin nicht zu beeinflussen. Der Tod würde ihn mitnehmen, das war klar. Mitnehmen? Wohin? Zunächst einfach unter die Erde. Kein Licht. Trockener Sand. Gierige Würmer. Wurzeln der Bäume. Nein. Er würde es dem Tod nicht überlassen, wohin er ihn schleppte. Darum beschloss er, sich ein großzügiges Grab in einen Felsen hauen zu lassen. Großzügig musste es sein, ausgestattet mit genügend Platz, er hasste die Enge.

Platz nicht nur für ihn. Er überlegte. Das Grab war fertig, glücklicherweise, bevor er gestorben war. Im Testament war jede Kleinigkeit geregelt. Nun musste das Grab gefüllt werden. Die Könige ließen ihre Gräber füllen, Gold, Edelsteine, Bildnisse, kostbare Gefäße. Der ferne Kaiser im Osten hatte eine vollständige Armee mit ins Grab genommen. Gebrannt im Feuer, aus Erde geformt, wie Gott den Menschen aus einem Klumpen Erde geschöpft hatte. Dumm war der Kaiser. Sollten die Geister aus der anderen Welt vor seinen Tonkriegern Angst haben? Es war töricht zu glauben. Welch ein kleiner, naiver Gedanke eines mächtigen Kaisers. Dieser Messias, er war nicht der Herr der Lebenden gewesen, die Lebenden hatten ihn doch getötet. Dafür war er offensichtlich Herr über die Toten. Im Lande hatte man davon gesprochen. Einen Freund hatte er aus dem Totenreich zurückgeholt.

Hatte man diesen Lazarus nicht auch in eine Felsenhöhle gelegt? Eine Höhle, mit einem Stein verschlossen?

Er ließ den Stein wegrollen, wie er später von seinem eigenen Grab weggerollt wurde. Obwohl der Leichnam bereits unangenehm roch. Der vierte Tag des Todes, fast dieselbe Zeitspanne, als sich sein eigenes Grab geöffnet hatte.

Es bedurfte nur eines Rufes: Lazarus, komm heraus!

Und der Tote war herausgekommen. Von Binden gefesselt, das Gesicht im Schweißtuch gehüllt. Jahrhundertelang würden die Menschen um das Schweißtuch seines Todes einen großen Kult veranstalten.

Was sagt man zu einem Toten, der plötzlich aus der Grabhöhle kommt?

Natürlich: Löst ihm die Binden und lasst ihn weggehen.

Man kann einen Toten nicht mit Binden umwickelt stehen lassen. Auch nicht, den keifenden Umherstehenden aussetzen. Ihm länger den Ort zumuten, wo er den Tod geschmeckt hatte. Also lässt man ihn einfach weggehen. Er wird selbst wissen, wohin er gehen soll. Denn der Tod hat ihn sehend gemacht.

Auslachen ließ er sich, als er die Tochter des Synagogenvorstehers aus dem Totenreich geholt hatte. Jedenfalls erzählten es die Leute.

Sie schläft nur, waren seine Worte.

Und die Menschen? Eben noch von Weinen und Klagen ergriffen, lachten plötzlich. So waren die

Menschen. Von einem Augenblick zum anderen konnten sie tiefergreifend weinen und spöttisch andere verlachen. Bis er das tote Mädchen aufrichtete. Natürlich muss man einem Toten aufhelfen, wie soll er sonst hochkommen, die Muskeln bereits steif geworden.

Er war König der Toten, konnte ihnen befehlen. Als ein Trauerzug seinen Weg kreuzte, in der Mitte ein toter junger Mann, einzige Hoffnung seiner Mutter, Lebensgrundlage für die Frau, wer sollte die Witwe versorgen?

Er sagte nur: Ich befehle dir, junger Mann, steh auf!

Einem Toten musste befohlen werden, das war klar. War die andere Welt nicht tausendmal schöner, schön wie das Paradies vor der Vertreibung? Und nun holte jemand den Toten aus dem Paradies in dieses Jammertal zurück. Dafür musste es schon gewichtige Gründe geben. Und ein Bitten reichte nicht. Befehlen musste man dem Tod, er ließ nicht mit sich umspringen wie ein einfacher Knecht.

Das Grab war fertig. Sie hatten ihn in ein Grab eines reichen Mannes gelegt. Im Leben besaß er nichts. Eine Futterkrippe seine Wiege. Die Füchse hatten Höhlen, er nicht einmal einen

Platz, wohin er sein Haupt betten konnte. Ein Obdachloser. Seine Schlafdecke die Sterne am Firmament. Erst im Tod hatte er eine einigermaßen gebührende Ruhestätte gefunden.

Und nun erzählten die Leute, dass er verschwunden war. Es konnte nur bedeuten, er hatte sich selbst befohlen, dass Totenreich zu verlassen. Mit Hilfe. Helfer waren anwesend gewesen. Natürlich. Jemand musste doch die Binden lösen. Das Schweißtuch entfernen. Neue Kleider reichen.

Die Menschen sprachen von Engeln, zwei Engel, sie mussten ihm geholfen haben. Also war doch klar, dass man Engeln begegnen würde, nach dem Tod. Sie würden keinen Respekt vor tönernen Kriegern, goldenen Beigaben, leuchtenden Perlen haben.

Er war Geschäftsmann. So viel wusste er. An diesem Tag kam es zur Bilanz. Addiert wurde nicht, wie viel Krieger jemand im Grab bei sich hatte, das Gewicht der goldenen Beiwerke, die Anzahl der Perlen. Er war ein nüchterner Kaufmann, er war ein zu nüchterner Kaufmann, um sich solche Bilanzen vorzutäuschen.

Jetzt war es ihm klar, was ihm helfen würde. Hatte dieser Messias nicht davon geredet, was einer dem Geringsten Gutes tut, tue man ihm. Er war Geschäftsmann. Kaufmann. Spendete gelegentlich. Unmöglich, alle Bettler, alle Obdachlosen von seinem Vermögen am Leben zu erhalten. Seine Dienerschaft musste unterhalten werden. Die Ansprüche der Familie wollten befriedigt werden. Waren wollten bezahlt werden. Ein gut gefüllter Weinkeller war vonnöten, die wichtigen Gäste zu bewirten. Geschenke für die Beamten waren zu besorgen. Hin und wieder konnte er etwas spenden. Es beunruhigte ihn, es könnte zu wenig sein für die andere Bilanz, die auf ihn wartete.

Am nächsten Tag verließ er früh das Haus und lief mit seinem Diener zur eigenen Grabhöhle. Geräumig war alles. Viel Platz. Er schätzte: Außer für seine Familie bot sie noch Platz für zehn weitere. Nicht genug, entschied er.

Er wandte sich zu seinem Diener: Lass sie vergrößern. Sie soll dreimal so groß werden.

Der Diener erschrak: Das viele Geld für den Bau. Herr, es wird uns ins Verderben stürzen.

Nein, schüttelte er den Kopf. Ich brauche Platz für meine Armen. Wenn die Engel kommen, mir die Binden zu lösen, das Schweißtuch zu entfernen, damit ich wieder sehen kann.

Welche Armen? fragte der Diener.

Er hörte nicht hin: Lass Platz für zwei Personen. Es werden zwei Engel sein, lass Platz für zwei Engel. Stell einen Schemel an mein Fußende, einen anderen an die Seite meines Kopfplatzes. Dort werden sie sitzen. Einer, das Schweißtuch zu heben, ein anderer, die Fesseln zu lösen.

Und die anderen, Herr, wofür die anderen Plätze?

Geh durch die Stadt, sagte er. Wenn Du von einem Bettler hörst, der gestorben ist, bringt ihn in die Grabhöhle. Eine arme Witwe, die stirbt, leg sie auch hierher. Den Fremden, der es nicht mehr in die Heimat zurückgeschafft hat, leg zu den Anderen. Den Verbrecher, den sie am Galgen gehängt haben, bette ihn in diese Höhle. Den Obdachlosen, der unter einer dünnen Erdschicht verscharrt ist, bringe auch hierher. Bevor nachts die Wölfe kommen, sich über seinen Leichnam herzumachen. Leg alle in die Grabkammer, bis sie voll ist. Wenn die Engel kommen, mir die Fesseln zu lösen und das Totentuch zu heben, werden sie alle anderen finden, die Bettler, die Witwe, den Fremden, den Obdachlosen.

Es wird gut sein, wenn die anderen bei mir sind, besser als die tausenden tönernen Krieger des großen Kaisers aus dem fernen Osten.
(Johannes 11: 1-46, Matthäus 27:57-60)

6.
Lebendes Leben

Das Leben eine Welle,
Endloses Auf und Ab.
Versiegen, neue Quelle,
Stillstand und Weiterfahrt.

Das Leben eine Stille,
Zu hör'n und auch zu fühl'n.
Flügelschlag der Libelle,
Wellen, die uns fortspül'n.

Das Leben eine Straße,
Ein Anfang und kein End'.
Die leer geword'ne Vase,
Das letzte bleiche Hemd.

Das Leben eine Sehnsucht,
Vertraut und seltsam fremd.
Die stille kleine Meerbucht,
Anfang in jedem End'.

7.
Der ewig besetzte freie Platz

Als ich ein kleiner Junge war, fiel es mir zwar auf, aber nie so heftig, dass ich den Sinn hinterfragte. Die nächsten Jahre gewöhnte ich mich einfach daran. Es wurde zur Selbstverständlichkeit, wie der Weihnachtsbaum zum Christfest und die Eiersuche zu Ostern. Bewusst wurde mir die Situation erst einige Jahre später, als mein Bruder zu Besuch kam. An dieser Stelle gilt es, des Verständnisses wegen, ein wenig auszuholen.

Über verwinkelte Lebenslinien steckte in meiner Großmutter jüdisches Blut. Sie machte davon kein Aufsehen, es ließ sich auch nicht behaupten, dass sie es totschwieg. Es gehörte zu ihrem Leben wie das Schwarz ihrer Haare und das tiefblaue Meer ihrer Augen. Gewiss hatte sie beides, das volle schwarze Haar und die leuchtenden blauen Augen, in gewissen Momenten für sich eingesetzt. Warum auch nicht? Daneben gab es viele Momente, wo die Hautfarbe und die Tönung ihrer Augen egal waren. Jahre, in denen es egal war, ob sie stattdessen blonde Kopfbedeckung und türkisgrüne Augen besaß. Ähnlich war es mit der verwinkelten Linie des jüdischen Blutes. Für viele Tage des Jahres spielte es überhaupt keine Rolle, nur einmal, an einem Tag, während die Erde die Sonne umkurvte, fand es Beachtung.

An diesem Tag gab es eine besondere Mahlzeit. Weniger ein Essen, eher ein Ritual: Ungesäuertes Brot (als Kind verstand ich nicht, was an Brot gesäuert oder ungesäuert ist), bittere Kräuter, einen dunklen Teig aus Nüssen und geriebenen Äpfeln, der unangenehme Ähnlichkeit mit einem Klumpen Erde hatte, einen geschwärzten Knochen, an dem Fleischreste hingen, salziges Wasser, ein ausgehöhltes Ei und vieles mehr.

Dies ist die Freiheit, pflegte meine Großmutter zu sagen. Als der Teil meiner Vorfahren aus der Knechtschaft Ägyptens wegzog, begannen sie, ein erinnerndes Fest zu feiern.

An die Freiheit muss man sich erinnern, auch an die Alternative, die Sklaverei, sagte sie mahnend, sonst verliert sie sich schneller als einer denken kann.

Als Kind konnte ich an vieles denken, dass es auch ein Leben in Unfreiheit gab, war für mich unvorstellbar. Jedenfalls für ein ganzes Volk.

Ich wusste, dass man einige Menschen in Gefängnisse einsperren konnte, aber ein ganzes Volk, ein riesiges Land, mit all den Bäumen, Steinen und Tieren, dem fließenden Wasser, wie sollte man ein ganzes Land einsperren. Das Leben ist größer als die Fantasie, ich lernte es später, als ich die Käfige dieser Welt betrachtete. Und ich lernte, Großmutters Ritual, ihre Worte, zu schätzen.

Jedes Jahr erklärte sie eine Gabe des Mahles. Dieses besagte Jahr erklärte sie die Bedeutung des salzigen Wassers.

Sie sind die Tränen, die das Volk in der Gefangenschaft vergossen hat, erklärte sie mit ernster Miene.

An diesem Abend versuchte ich an das Traurigste zu denken, das vorzustellen ich in der Lage war. Ich entschied mich für den Tod meiner Mutter, tatsächlich gelang es mir dadurch, meinen Augen einige Tränen abzugewinnen. Als ich sie schmeckte, stellte ich fest, dass sie genau wie die Gabe auf dem Tisch schmeckten, sie schmeckten salzig, gleich dem Wasser auf der Tafel.

Später hatte ich einmal eine Freundin, die sehr christlich erzogen worden war. Bei passender

Gelegenheit erzählte ich ihr mein Unterfangen. Sie sah mich etwas bemitleidenswert an und erklärte, dass ich nicht nur die Tränen geschmeckt habe, die das Volk in der Sklaverei vergossen hatte, es wären auch die Tränen all der Gerechten, als der Herr, der doch auch dieses Mahl feierte, als der Herr gekreuzigt wurde. Und das, erklärte sie mir bedeutend, ist die viel wichtigere Seite der Tränen.

Seltsamerweise ist es das einzige, woran ich mich bei diesem Mädchen erinnerte, ich erinnere mich nicht mehr an die Farbe ihres Haars, ihrer Augen, nicht, ob wir uns jemals geküsst haben, nur an ihre Worte erinnere ich mich. Durch sie lernte ich zwei Seiten einer Träne kennen, die Sklaverei und den Tod eines Menschen. Später im Leben stellte ich fest, dass Tränen unendlich viele Seiten haben, was nicht verwunderlich war, denn eine Träne ist rund und etwas Rundes hat unendlich viele Seiten. War ich müde und musste gähnen, entstanden ebenso salzige Tränen, auch wenn ich mich schier kaputtlachen musste, oder die Freudentränen meiner Mutter, als ich sie nach dem ersten Jahr meiner Abwesenheit wegen des Studiums wiedertraf, auch sie schmeckten salzig.

Das Fest wurde immer bei Großmutter gefeiert. Jeder, der die Quelle ihrer Großzügigkeit nicht versiegen lassen wollte, sah zu, dass er diesen Tag nicht versäumte. Ein Teil der Familie reiste extra aus fernen Ländern an, an dem festlichen Mahl teilzunehmen.

Mein Bruder war einige Jahre älter als ich und er studierte in dem besagten Jahr im Ausland. Er wusste nicht, ob er sich die Fahrt leisten konnte, aber er konnte es, dank der Großzügigkeit von Großmutter.

Alle saßen versammelt am Tisch, als es klingelte. Zwei Stühle waren frei, genau zwei. Einer von ihnen war meinem Bruder zugedacht, blieb der andere. Der Stuhl würde frei bleiben, wie er die vielen Male zuvor unbesetzt geblieben war. Und hier entstand jetzt das Malheur. Mein Bruder kam nicht allein. Er kam mit einem Mädchen. Wir saßen mit heruntergefallenen Kinnladen am Tisch als er uns, noch vor der Begrüßung, erklärte, dass er sich vor einer Woche mit dem Mädchen verlobt hatte.

Die Aufregung ließ einige Minuten im totalen Durcheinander versinken, bis es Zeit war, Zeit für Fragen, Gefühle, Verwunderung, Umarmungen und dann alles einzustellen und wieder Platz zu nehmen. Mein Bruder wollte sich gerade auf den letzten freien Platz setzen, da schreckte Großmutter hoch.

Nein! rief sie über den Tisch hinweg, tue es nicht!

Er hatte mit seiner Hose noch nicht die Sitzfläche des Stuhles berührt, die entsetzten Worte ließen ihn versteinert in der Luft verharren.

Großmutter stürzte zu ihm und riss ihn vom Stuhl weg. Wir alle waren entsetzt, am meisten seine Verlobte. In welch eine seltsame Familie war sie geraten?

Elia, er ist doch für Elia, höre ich meine Großmutter rufen, als habe es sich gestern zugetragen.

Jede Sitzgelegenheit aus dem kleinen Haus war mobilisiert worden, wo wir auch suchten, es fand sich nirgendwo etwas, dass die Funktion eines Stuhles bot. Auf diese Weise kam es, dass mein Bruder, obwohl er den längsten Anfahrtsweg gehabt hatte, das Mahl im Stehen einnehmen musste, neben einem leeren Stuhl.

Keiner von uns konnte mit Elia etwas anfangen. Niemand aus der Familie hieß Elia. Wer war dieser Elia, für den Großmutter den Stuhl freigekämpft hatte? Geheimnisvoller noch. All die Jahre hatte sie dafür gesorgt, dass der Stuhl frei geblieben war. Erst jetzt kam es mir richtig zu Bewusstsein.

Die Verlobte meines Bruders war die Einzige, die offenbar Elia in ihrem Leben kennengelernt hatte. Später fand ich heraus, sie war ein amerikanisches Mädchen mit jüdischen Vorfahren; das und ihr Wissen verschafften ihr sogleich eine Ehrenloge in Großmutters Herzen.

Wie es dazu kam, dass sie später mich und nicht meinen Bruder heiratete, gehört zu den rätselhaften Wegen, die das Leben beschreitet. Altersgemäß passten wir ohnehin besser. Es geschah nicht im Streit. Erst als mein Bruder die Verlobung von sich aus löste, nachdem er ein anderes Mädchen kennengelernt hatte, trafen sich unsere beiden Wege.

Es vergingen fünf Jahre, bis wir heirateten. Nun galt es, einige Punkte des zukünftigen Lebens festzulegen. Ein fester Bestandteil sollte das jährliche Mahl sein, ohnehin unabdingbar, zumal eine nicht unbeträchtliche Mitgift meiner Großmutter an dieser Bedingung hing.

Die damals so beschriebene Peinlichkeit des Abends wollten wir beide uns ersparen. Das bedeutete, Vorsorge zu treffen. Eine Möglichkeit bestand darin, für den Notfall irgendwo im Haus einen Stuhl zu verwahren.

Unmöglich, alle Plätze des Tisches zu besetzen. Was, wenn Großmutter plötzlich unangemeldet zu Besuch kam? Oder sogar der Prophet Elia? Es wäre mehr als unangenehm, für eine dieser beiden Eventualitäten keinen freien Sitzplatz zu haben.

Später, als wir den neuen Wein kennenlernten und mit den alten Schläuchen verknüpften, vielleicht war es auch umgekehrt, dass wir versuchten, den alten Wein, es ging schließlich um ein bedeutsames Mahl am Abend, in neue Schläuche zu fühlen, jedenfalls beschlossen wir später, gemäß dem Sinn des neuen Weines, den freien Stuhl zu besetzen. Die ersten Jahre nach dieser verknüpften Entscheidung besetzten wir den Stuhl mit jemandem aus der Familie, den wir am wenigsten mochten und extra zu unserem Fest einluden. Nachdem uns keiner mehr einfiel, was einigermaßen für die Intaktheit der Familie sprach, holten wir einfach einen fremden Bedürftigen von der Straße.

Wir gaben ihm ein anständiges Bad, steckten ihn in neue Kleider und so wurde er für dieses eine

Mal unser Elia. Natürlich besaßen wir auch den Reservestuhl. Großmutter konnte ruhig kommen, d.h. vielmehr ihr Geist, denn sie war längst verstorben, oder auch der Prophet Elia, beide würden bestimmt Verständnis haben für den besetzten Platz und so lange warten, bis wir den Stuhl aus der verborgenen Kammer herbeigeschafft hatten.

(Deuteronomium 16:1-8, Altes Testament)

8.
Mosaikglauben

Von zehn Jungfrauen
Trauen
Sich fünf nicht,
Ihr Öllicht
Mit den anderen zu teilen.
Zuweilen
Ist geteiltes Hoffen
Ein Ballon, getroffen
Von einem Pfeil;
Ein Beil,
Das auf einen Stein niedersank
Und in ein unendliches Mosaik zersprang.

9.
Der Kriegsbumerang

Der Bogen war überspannt. Ohne Zweifel. Viel Geduld hatten sie ihnen entgegengebracht. Längst zu viel Nachsicht. Nachsicht war nicht verkehrt. Bis zu einer Grenze. Und diese war überschritten. Die Anderen legten ihre Zurückhaltung längst als Schwäche aus. Nur eine Frage der Zeit, wann die nächste Forderung kam. Danach noch eine, wieder eine, das ging so weiter, bis sie ihrer Lebensgrundlage entzogen waren. Es war das Ziel der Anderen. Austesten, wie weit sie gehen konnten. Sie wussten selbst, dass der Bogen bald überspannt sein würde. Alles andere war Hinhaltetaktik. Bis die Aufrüstung abgeschlossen war. Seit Jahrhunderten war es die vorgegebene Art, wie sich Konflikte entwickelten. Ewig dasselbe. Auf der einen Seite die Guten, die Nachgiebigen, schrittweise von den anderen provoziert. Bis – ja, bis der Vulkan ausbrach, der Funke auf das Pulverfass übersprang.

Niemand wusste, wie lange die Auseinander-setzung gehen würde. Monate? Jahre? Je länger es dauerte, desto mehr würden sie rekrutieren.

Bereits jetzt reichte die Berufsarmee nicht mehr aus. Überall hingen Aushänge. Freiwillige wurden gesucht. Adieu, triste Büroarbeit, tagein, tagaus irgendwelches Papier sinnlos wälzen. Jetzt wurde Geschichte geschrieben! Jetzt passierte etwas wirklich Wichtiges, diese graue Lebenssuppe begann, in Wallung zu geraten. Und er war dabei. Drei Monate Grundausbildung lagen hinter ihm. Eine andere Welt, einzige reale Welt. Nicht vor staubfreien sterilen Schreibtischen hocken. Durch die Dunkelheit robben, unter sich der aufgeschwemmte Boden, über Bombenkrater hangeln, den Feind im Schlaf überraschen.

Gut, dass er eine Jagdausbildung hatte. Sie schulten ihn einfach um. Scharfschütze. Die Aufgabe war identisch: Aus weiter Entfernung das Leben am entscheidenden Punkt treffen. Das Wild zerstörte den Wald. Der Feind hatte es auf ihren Wohlstand abgesehen. Politiker hatten es ständig erklärt, warum sollten sie lügen. Ehrenwerte, gestandene Männer, vom Leben geläutert, vertraut mit den Schlichen, den Fallstricken anderer. Morgen ging es in den Krieg: Gut, dass sie den Kampf im anderen Land austrugen. Bevor der Feind das eigene Land betreten konnte. Er hätte dieselbe Entscheidung getroffen.

Das Straßencafé war gut gefüllt. Meist Einheimische. Darunter einige Fremde. Er traute seinen Augen nicht: Menschen aus dem feindlichen Land darunter. Warum schob man sie nicht ab? Oder internierte sie? Sie könnten auch freiwillig gehen. Hauptsache weg. Warum machten sie es nicht wie ihre fanatischen Glaubensbrüder. Verräter waren es. In ihrer westlichen Zivilisation hatten sie studiert, Architekten, Ingenieure, Ärzte, kaum war der Krieg ausgebrochen, meldeten sie sich als Freiwillige in ihrer Heimat. Egal, Hauptsache weg.

Die Eisenbahnen reichten nicht aus. Früher war man in den Krieg marschiert. Oder geritten. Globalisierung. Alles wurde globalisiert. Der Krieg ließ sich nicht mehr zu Fuß erreichen. Auch nicht mit der Eisenbahn. Ein Flugzeug würde sie tausende Kilometer bis zur Front bringen. Hier galt es, die eigenen Interessen zu verteidigen.

Über das friedliche Meer hinweg. Friedliches Meer? Er lachte über sich selbst. Wie viele Millionen Mal wurde täglich im Meer getötet, ohne dass man es wahrnehmen konnte? Jeder versuchte, den anderen zu fressen, darüber die scheinbar friedliche, ruhige Oberfläche der See. Auf der Welt lag eine ruhige, globale Decke, ein samtenes Tuch, in dem es sich gut einkuscheln ließ. Nur darunter durfte man nicht schauen, nicht im Kleinen, nicht im Großen.

Morgen ist es soweit.

Er sah den Freund an, der während des Surfens in seinen Gedankenwelten zwischenzeitlich eingetroffen war und neben ihm Platz genommen hatte.

Gratuliere, sagte der andere. Ich würde auch gern meinen Schreibtisch gegen die Wüste tauschen. Jedenfalls vorübergehend. Für eine gute Sache.

Es wird nicht lange dauern. Kein Wald, wo sie sich verstecken können. Keine Berge, wohin sie sich verkriechen können. Ein fairer offener Kampf.

Der Freund schwieg. Hoffentlich verschätzt sich unsere Regierung nicht.

Er schwieg. Zum ersten Mal stiegen feindselige Gedanken in ihm auf. Wenn es länger dauerte? Er verletzt würde? Eine Gliedmaße verlor? Wenn er getötet würde?

Würdest du es übernehmen?

Der Freund hob fragend die Schultern: Was übernehmen?

Meine Marke. Wir können hinterlegen, wer unseren Eltern die Nachricht überbringt. Und ihnen die Marke übergibt. Würdest du es machen?

Ein schallendes Lachen war die Antwort: Dich wird es nicht treffen. Niemals. Du bist immer glatt durchs Leben gekommen. Hast spielend die Schule geschafft. Sofort einen Studienplatz bekommen. Keinen Monat musstest du eine Arbeit suchen. So jemanden trifft es nicht.

Ich glaube es auch nicht. Nur wissen? Wissen kann es niemand.

Am nächsten Tage saß er mit vielen anderen, die er nie zuvor gesehen hatte, in der großen Transportmaschine. Früher hatten ihn die Flugzeuge in den Urlaub gebracht. Ihr Ziel war eigentlich ein perfektes Urlaubsziel. Unter normalen Umständen. Was ist heute noch normal?

Der Tag war gerade am Aufgehen, der morgen jung, in der Früh, draußen stieg die Sonne über die Linie des Horizontes, seit einer Stunde schwirrte Vogelgesang durch die Frühe des Vormittags. Am Tisch saß der Freund, den Blick nach draußen gerichtet, auf die Straße. Er hörte das Rad der Postbotin. Eine Neue. Hübsch war sie. Vielleicht eine Studentin, die nebenher jobbte. Verdammt hübsch. Der Freund sprang auf, tat, als wolle er gerade das Haus zum Jogging verlassen.

Guten Morgen, rief er ihr entgegen.

Ihre Antwort war still, mit ihren zarten weißen Händen durchblätterte sie den Ablagekorb.

Soll ich die Post in den Kasten werfen?

Nein, ich bringe sie gleich ins Haus.

Fünf Briefe, drei davon Werbesendungen, der vierte ein Schreiben von seiner Tante. Der fünfte Brief war schwerer. Er fühlte Hartes, die Konturen waren rund, die glatte runde Scheibe hing offensichtlich an einer Art Kette.

Der Brief ließ ihn ins Haus zurücktaumeln. Er sah nicht mehr ihre schöne Kontur, die auf das Fahrrad zurückschwebte und zum nächsten Haus fuhr.

Als seine Begleiter merkten, was ihm drohte, fragten sie: Herr, sollen wir dreinschlagen?

Und einer von ihnen schlug auf den Diener des Hohenpriesters ein und hieb ihm das rechte Ohr ab. (Lukas 22:49,50)

Da sagte Jesus zu ihm: Steck dein Schwert in die Scheide, denn alle, die zum Schwert greifen, werden durch das Schwert umkommen. (Matthäus 26:52).

10.
Frühlingslob

Herr,
Wie sehr
Hab' ich mich
Nach dem Frühlingslicht
Gesehnt.
Verschönt
Hast du nun die Erde.
Buntes Gefärbe
Liegt auf der Welt.
Ungezählt
Sind Blumen auferstanden.
Alle Meere und Landen
Sind golden überzogen.
Alles will Dich loben,
Herr,
Und ich will nie mehr
Ruh'n,
Es allem gleich zu tun.

11.
Das Unlos

Was war perfekt? Gab es Vollkommendes? Höchstens in der Vorstellung. In der Welt der Gedanken ließ sich die Vollkommenheit erschaffen. Eine Welt ohne Armut, Menschen ohne Krankheit, Völker ohne Krieg, Nachbarn ohne Zwist. Alles ließ sich in dieser Welt der Gedanken erschaffen, vollkommen errichten. Nur der Transfer, das Beamen in die stoffliche Welt wollte nicht gelingen. Gibt es etwas vollkommen Gutes? Dann gibt es ebenso etwas vollkommen Böses. Und es gibt etwas, das dazwischen liegt, etwas vollkommen Neutrales, in der Schwerelosigkeit zwischen beiden Polen.

Es war nur eine Geschichte. Nie ging sie aus dem Kopf. Die zerfetzte Kleidung, die ausgemergelten Kindergesichter. Die hagere, geschundene Frau, kaum 30 Jahre, nichts anderes als eine Greisin, umschwärmt von einer Wolke hungriger kleiner Kinder, Wurzeln kauend, den Magen zu täuschen.

Anschreiben hieß das Zauberwort. Es füllte viele Münder, viele Monate die Einkaufstasche, den Küchentisch mit dem Nötigsten. Einige Laibe

Brot, etwas Fett, Kartoffeln, Zwiebeln. Die Liebe ist unbegrenzt, aber nicht das Papier. Irgendwann war der Zettel des Kaufmanns voll. Kein Platz mehr für neue Schuld. Welch ein Paradies, aus der Sicht des Kaufmanns? Es gab keinen Platz mehr, neue Schuld festzuhalten. Auch das Paradies hat zwei Seiten, eine ist sonnendurchflutet, die andere umklammert mit ihrem Schatten erbärmliche Kreaturen.

Geh nach Hause, sagte der Kaufmann. Seine Worte waren neutral, vollkommen neutral, nicht böse, nicht gereizt, nicht liebevoll, getragen von der Sachlichkeit des Geldes.

Sag deiner Mutter, ich kann nichts mehr anschreiben. Sag ihr, der Zettel ist voll. Euer Vater soll etwas Geld zahlen, wenigstens ein bisschen, dann kann ich ein neues Blatt kaufen.

Der Blick eines Kindes ist stärker als die vollkommene geldliche Sachlichkeit. Ein letztes Brot schob der Kaufmann über den Tresen, ohne etwas aufzuschreiben, dazu zwei Tüten mit Mehl, es gab Geschwister, viele, einen mit Öl gefüllten Tonkrug.

Zuhause empfing die Mutter das Kind mit einem Lächeln. Jahre waren vergangen, ohne dass es die Mutter hatte Lächeln gesehen. Das neue

Lächeln nicht wegen des gefüllten Einkaufsbeutels.

Geh, lauf zum Bauern, rief sie dem Jungen entgegen, und lass dir Eier und Wurst, ein ordentliches Stück Käse, auch eine Kanne Milch geben. Morgen werden wir alles bezahlen, die Schuld von gestern, das Heute und das Morgen. Bring ihm das Lächeln.

Der junge verstand nicht. Woher?

Auf einem kleinen Zettel starrten die Augen der Frau. Zahlen, als Perlen aneinandergereiht, standen auf dem Papier. Eine Zahl, die Losnummer einer Lotterie, sie hatte es vom letzten Geld gekauft und – abermals starrte sie ungläubig auf das Papier, die Zahlen verwandelten sich in Kleider, Brote, Hüte, prächtige Blumen, ihr Los war als Hauptgewinn gezogen worden.

Der Junge war kaum entschwunden, als der Vater in der Ferne auftauchte. Seine Schritte schwankten. Nicht zum ersten Mal. Sie verzieh ihm. Immer verzieh sie ihm. Ihr Lächeln blieb im Gesicht. Sie wartete, bis er nähergekommen war. Dann zeigte sie ihm den Zettel.

Unser Los, sagte sie, unser Los, es ist der Hauptgewinn.

Seine Augen starrten sie an. Er verstand, nicht, der Alkohol. Der Alkohol versteht keine Zahlen, die sich in Brot und Wurst verwandeln, dachte sie.

Schweigend lief er ins Haus. Sie folgte ihm. Endlich drang sie in ihn, schüttelte seinen torkelnden Körper.

Gib mir das Los, sagte sie, ich werde es eintauschen, den Gewinn einlösen. Reichen wird es, bis wir alt geworden sind, unter der Erde ruhen, keiner Wurst, keinem Brot mehr nachlaufen müssen.

Er blickte sie ungläubig an.

Es war meine einzige Chance, sagte er.

Was, was war deine einzige Chance? stotterte sie.

Er schwieg, lange schwieg er.

Habt ihr wieder gespielt?

Er nickte, kaum auszumachen. Es war todsicher. Meine Karten, nie im Leben hatte ich ein solches Blatt. Eine Menge Geld lag auf dem Tisch. Ich konnte nicht anders.

Du hast das Los…

Ja, es war mein letzter Einsatz.

Die Frau stürzte nach draußen, den Jungen zurückzuholen. Das Haus ließ sie hinter sich, den

Mann, den Alkohol, nur der Laut eines Schusses folgte ihr. Als der Klang sie einholte, drehte sie sich um.

Totenstille lag auf dem Haus, vollkommene Stille, im Tod ist die Ruhe vollkommen.

Jerusalem, Jerusalem…, wie oft wollte ich deine Kinder um mich sammeln, so wie eine Henne ihre Küken unter ihre Flügel nimmt. Aber ihr habt nicht gewollt. Darum wird euer Haus verlassen. (Matthäus 23:37,38).

Dann wird man zu den Bergen sagen: Fallt auf uns! Und zu den Hügeln: Deckt uns zu!
(Lukas 23:30).

12.
Vergeblich(t)

Die Welt will schlafen gehen,
Doch kommt sie nicht zur Ruh'.
Sorgen sich weiter drehen,
Und Kummer noch dazu.

Die Welt will sich abschieden
Von allem, was ihr lieb.
Gezeichnet voll von Schwielen,
Im Herz ein Trauerlied.

Die Welt will sich aufbäumen,
Dass alle Not abfällt,
Wie Laub von den Herbstbäumen,
Vom Winde grau zerwelkt.

Die Welt will schlafen gehen,
Kein Meer ist groß genug,
Zu sammeln all die Tränen,
Die sie so lange trug.

13.
Armer Reichtum

Die stechenden Sonnenstrahlen durchschnitten die Luft und brachen sich an den kräuselnden Wellen. Auf und ab tanzten die Wasserberge, angetrieben vom Wind, der unter die Oberfläche des Meeres gekrochen war. Am Ufer säumten Palmen die weißen Strände, dahinter Kokosbäume, gewaltig, majestätisch sich in den blauen Himmel erhebend. Selten war ein menschliches Wesen auszumachen, einige, kaum bekleidete Frauen, die ihre Haut in die gelben Sonnenstrahlen tunkten, um sie am Abend gebräunt aus dem Hitzebad zu ziehen.

Er war allein auf der Yacht. Das erste Mal. Oft war er durch die karibische See gekreuzt, mit seiner Frau, mit Freunden, mit Geschäftspartnern, Kunden des Unternehmens. Es war die Jungfernfahrt der neuen Yacht, deshalb auch sein Alleinsein. Wer lässt sich schon gerne zuschauen beim ersten Mal. Kaum auszudenken, ihm, dem Mann von Welt, erfahrenen Segler, geschieht auf der Jungfernfahrt unter den Augen kritischer Gäste ein Fehler. Nur ein Grund für seine Einsamkeit, der andere war nicht weniger wichtig. Er stand dem Unternehmen jetzt fünf Jahre vor. Die Bilanzen waren anfangs Wasserwellen, hoch und runter, verschwanden irgendwann in Bedeutungslosigkeit der Ergebnisse tausender anderer Firmen. So war der Anfang. Nach zwei Jahren hatte er die Bilanzwellen gezwungen, stetig bergauf zu strömen. Durch Aktienoptionen verdiente er ein Vielfaches seines Grundgehalts, die Firma war zum Selbstläufer geworden, jetzt hatte er Zeit, in verschiedenen Aufsichtsräten zu sitzen, Macht auszuüben, neue Geldströme unter dem Kiel seiner Yacht zu lenken, nächstes Jahr würde er das alles potenzieren, indem er Mitgesellschafter der Firma wurde.

Er ließ das Boot über das Wasser treiben und betrachtete für eine Weile eine junge Frau, die mit entblößtem Körper am Strand lag. Die Liebe benötigt Geld, dachte er, zwischen der Kluft des Alters ließ sich eine Brücke aus Geld errichten, Geld war ein Mittel, das alle Klüfte überbrückte, Hass, Abneigung, Antipathie, Hoffnungslosigkeit, Altersunterschied, einfach alles.

Er merkte sich das Gesicht der Frau, es gab nur ein Hotel auf dieser Insel, abends würde er sie treffen, bis dahin errichtete er eine Brücke aus

Geld, die sich zwischen der Yacht und der Insel aufbaute, damit seine Begierden trockenen Fußes lustwandeln konnten. In einem Anflug aus schlechtem Gewissen riss er die Brücke wieder ab, seine Frau tauchte in seinen Sinnen auf, tauchte unter den Pfeilern der niedergerissenen Brücke auf.

Er griff in sein Jackett und holte einen Brief hervor. Wie war diese Organisation auf ihn gekommen. Gut, es war eine bekannte Organisation, ihre humanitären Projekte spannten sich weltweit aus. Sie benötigten einen Manager, einen der besten, den es gab, schrieb die Organisation, die Verteilungskämpfe wurden härter, da benötigte auch die Humanität professionelles Management, selbst wenn Ellbogen nicht immer humanitäre Spuren hinterließen.

Der Posten würde ihm Anerkennung bringen. Weltweite Reisen waren für ihn nichts Neues, sein augenblicklicher Posten brachte ihn mehr herum.

Aber dieses Gehalt. Nicht einmal 10 % dessen, was er jetzt verdiente. Was für eine Vorstellung. Wie konnten sie auf diese Idee gekommen? Ihm, einem der besten, ein Nichts gegen sein Alles anzubieten. Unglaublich! Es war wirklich unglaublich. Andererseits. Er war humanistisch erzogen worden. Hatte eine Stiftung gegründet, die sich sozialen Projekten verschrieben hatte. Eines davon die Eindämmung von Aids in Asien. Die Liebe ließ sich nicht mit Geld eindämmen, aber es war ein Versuch, der sein Gewissen beruhigte. Es las sich in jeder Biografie gut, sich sozial engagiert zu haben. Kein schlechtes Thema für einen der vielen Empfänge.

10 %, durchfuhr es seine Gedankenwindungen. Das Haus konnte er damit halten, das Anwesen in Südfrankreich wohl nicht. Seine Blicke schweiften über die Yacht, ein kleineres Boot würde es möglicherweise auch machen. Aber sein Privatjet, unmöglich, ihn mit 10 % der Einnahmen zu halten. Aus dunklen Ecken tauchten Bilder hungernder Kinder in ihm auf, Krisengebiete, Kriegsschauplätze, wo sie Leichenteile zerfetzter Soldaten als Trophäen durch die Gegend schwenkten, vom Hass zerfressene Gesichter, Jugendliche mit Sprengstoffgürteln, vermummte Frauen mit leeren Blicken, gesprengte Häuser von Selbstmordattentätern. Niemand konnte verlangen, sich auf diese

polarisierte Seite der Waagschale des Lebens zu stellen.

Die Bilder verschwanden erst wieder, als er beschloss, 5 % seines Einkommens zusätzlich in die Stiftung zu stecken. Er war bei diesen Gedanken sogar sicher, dass sich die dunklen Bilder nicht nur wieder in die hintersten Windungen seines Kopfes verkrochen, sondern für immer in den heißen Sonnenstrahlen des karibischen Meeres verschwunden waren. Nur ein Rest Melancholie blieb.

Wenige Minuten später kehrte er mit einer leeren Whiskyflasche aus der Kajüte zurück. Noch einmal griff er zum Brief und schrieb mit einem fetten Stift das Wort: „NEIN" über die Anfrage. Dann faltete er das Blatt, steckte es in die leere Flasche und schleuderte sie über Bord. Seine Antwort stand fest. Die Meereswellen würden sein NEIN über die ganze Welt tragen, für jeden sichtbar, er hatte keinen Grund, sich hinter seiner Antwort zu verstecken, obwohl er wusste, viel Glück würde es brauchen, damit jemand seine Flaschenpost fand. Dann kehrte er an das goldene Steuer seiner neuen Yacht zurück.

Es kam ein Mann zu ihm und fragte: Meister, was muss ich Gutes tun, um das ewige Leben zu gewinnen? Alle diese Gebote habe ich befolgt. Was fehlt mir jetzt noch?

Er antwortete ihm: Wenn du vollkommen sein willst, geh, verkauf deinen Besitz und gib das Geld den Armen, so wirst du einen bleibenden Schatz im Himmel haben; dann komm, und folge mir nach.

Als der junge Mann das hörte, ging er traurig weg; denn er hatte ein großes Vermögen.

(Markus 10: 17-27)

14.
Geflohener Blick von oben

Als der Herr kam,
Nahm
Er Platz in einer Baumkrone,
Ohne
Aufsehen
Zu erregen,
Um am Wunder teilzunehmen.
Hatte er nie davon gehört,
Dass der Herr spürt,
Wenn in einer drängenden Menge
Die zittrigen Hände
Einer kranken Frau
Den Tau
Seines Gewandes berühr'n,
Um ihren Glauben mit Händen zu spür'n?

15.
Das nahe Fremde

Seit Jahren saß der Mann an dieser Stelle, exakt jeden Tag am selben Platz, ausgenommen am Sonntag, nicht weil das Kaufhaus geschlossen hatte. Der Sonntag war ein heiliger Tag, niemand sollte arbeiten und war das Spenden von Almosen nicht Arbeit, Arbeit für den Geber, Arbeit für den Empfänger, um seiner Selbstachtung eine Tarnkappe umzuhängen.

Genau dieselbe Stelle, jeden Tag, fünf Tage die Woche und den Samstag, denn auch der Herr hatte sechs Tage für die Schöpfung gearbeitet und nur einen Tag geruht. Präzise dieselbe Stelle, 5 m links vom Eingang des Kaufhauses entfernt, 20 cm von der Schaufensterscheibe entfernt, alle 24 Stunden dieselbe Handlung, nur der Hintergrund wechselte, an manchen Tagen eine spärlich bekleidete Schaufensterpuppe, zu Weihnachten ein lebensgroßer Santa Claus, umrahmt von angebotenen Haustieren, Kaninchen, Hamstern, Vögel zum Sommer, Reisekoffern. Die Kulisse wechselte. Der Mann nie. Die Stelle nie. Der Hut nie. 15 Jahre alt, schwarz, Filz, die Ränder ausgefranzt, eine breite Krempe, im Sommer der Hitze wehrend, einen Teil der Füße vor den Regen schützend, im Winter ein wenig die Körperwärme speichernd.

Was macht der Mann da unten?

Ein kleines Mädchen blieb vor ihm stehen, beugte sich zu ihm, dass sich der kindliche Körper zu einem Fragezeichen formte.

Die Mutter schien überrascht. Was macht ein Mann auf der Straße. Die einfachsten Fragen blieben unlösbar.

Er arbeitet, sagte sie unvermittelt, selbst nicht wissend, warum ihr die Antwort in den Sinn gekommen ist.

Aber wo hat er denn einen Hammer?, bohrte das Mädchen nach.

Vermutlich verband ihre Erfahrung den Begriff Arbeiten mit ihrem Vater, wenn er am Wochenende Schäden im Haus reparierte.

Komm jetzt! lenkte die Mutter ab, denn die Fragen wurden immer einfacher und die Antworten schwieriger.

Das Kind hatte aber inzwischen den Hut entdeckt, in dem einige Geldstücke im Sonnenlicht funkelten. Mit weit aufgerissenen Augen betrachtete es das Wunder. Ein Hut gehörte doch auf den Kopf. Hier lag er als

Wundertüte auf der Straße und fing fliegende Münzen auf.

Er bemerkte das Interesse des Kindes sofort. Blitzschnell griff er nach dem Hut und setzte ihn auf. Als er ihn wieder hochhob waren alle Münzen in seinem dichten Haar verschwunden. Das Mädchen lachte. Er fuhr sich durch die Haare und holte eine große Münze hervor. Seine Hand streckte ihr die Münze entgegen.

Für einen Augenblick blieb die Zeit stehen. Regungslos starrte die Mutter auf beide, eine Kaskade von Gedanken lief in Sekunden- bruchteilen durch ihr Gehirn - Jahre auf der Straße – obdachlos – verwahrloste Hygiene – keine Hygiene, verfilzte Haare – Läuse…

Automatisch schlug sie auf die Hand ihrer Tochter, die ihre kleine Hand gehoben hatte, das Geldstück anzunehmen. Die Frau schien selbst irritiert, aber es war geschehen und, und ihre Handlung, war sie nicht richtig gewesen? War ihre Handlung nicht richtig gewesen?

Sie griff nach dem zu Boden taumelnden Arm des Mädchens, umklammerte ihn, als wollte sie sich oder den Arm vor einem Absturz in eine endlose Tiefe schützen.

Die Blicke des Mannes veränderten sich nicht. Lange sah er den beiden hinterher, der Frauengestalt, ein wenig wankend, an deren Arm das verlorene Kind hing.

Diese samaritische Frau sagte zu ihm: Wie kannst Du als Jude mich, eine Samariterin, um Wasser bitten? Die Juden verkehren nämlich nicht mit den Samaritern. (Johannes 4:9)

Als er die zehn Aussätzigen sah, sagte er zu ihnen:

Geht, zeigt euch den Priestern. Und während sie zu den Priestern gingen, wurden sie rein. Einer von ihnen aber kehrte um. Er warf sich vor den Füßen Jesu zu Boden und dankte ihm.

Da sagte Jesus: Es sind doch alle zehn rein geworden. Wo sind die übrigen neun? Ist denn keiner umgekehrt, um Gott zu ehren, außer diesem Fremden. (Lukas 17:14-19)

16.
Talkshows (?) in der Ewigkeit

Im ewigen Licht
Möcht ich das Gesicht
Von Anne Frank sehn.
Möcht mit Kafka sprechen
Und mit Einstein rechnen,
Mit Humboldt durch den Urwald geh'n.

In der Ewigkeit
Möcht ich meine Zeit
Mit Beethoven teil'n.
Möcht mit Rembrandt malen
Und Goethe befragen,
Am Fuße der Bergpredigt weil'n.

In der ewigen Runde
Möchte ich jede Stunde
An Deiner Seite sein.
Möcht im ewigen Leben
An Jesus Seite stehen
Unter seinem schützenden Schein.

17.
Der Ein-Wort-Glaube

Es war klar, dass es so kommen musste. Viele hatten davor die Augen verschlossen, das Geschehene ließ sich nicht aufhalten, von nichts, von niemandem.

Es war eine Urkraft, Hannibals Elefanten gleich, die als tierische Panzer die römischen Legionäre niederwalzen sollten. Auf diese Weise würde es jeden Dritten niederwalzen. Die Konjunktur, sie lahmte, es war gelinde ausgedrückt. Konjunktur gab es nicht mehr, allenfalls in den Köpfen unverbesserlicher Optimisten, deren Geist zu schwach war, die Gedanken mit Sinnvollerem als vergebliche Hoffnungen zu füllen. Jeder dritte, und an jedem Dritten hingen andere, Frauen, Kinder, all das würde niedergewalzt. Entlassung. Ein kurzes Schreiben, morgens im Briefkasten, abends geöffnet nach einem harten Arbeitstag. Gedankenverloren lief er durch die Gänge in Richtung Kantine. Normalerweise pflegte er mit den anderen seiner Ebene in der Mittagspause in eines der nahegelegenen Restaurants zu gehen, in der Pause Arbeitsessen, auf dieser Ebene war nichts ein Paradoxon. Heute wollte er in die Kantine, die Stimmung aufnehmen.

Man muss die Flammen niedrig halten, hatte der Chef auf der letzten Aufsichtsratssitzung bemerkt, sonst wenden sie sich auch gegen uns. Am Ende ist alles verbrannt. Wem ist damit gedient, meine Herren? Meine Herren! Er war jetzt ein Herr, aber er gehörte einem anderen, jemandem, der zu ihm sagen konnte: Meine Herren!

Das Gesicht sprang ihm sofort entgegen. Viele Erinnerungen kamen hoch. Kurz vor der Kantine begegnete er Bachowak. Diesem Bachowak hatte er viel zu verdanken. Vor Jahren, er hatte gerade in der Firma angefangen, sollte er erst einmal alle Abteilungen durchlaufen, bis er sich auf dem zugedachten hohen Posten setzen durfte. Bachowak war der Beste gewesen, ein Muster an Schlichtheit und Ehrlichkeit. Bachowak hatte ihm alles gezeigt, alles, was er wusste, alle Insiderkenntnisse, jahrzehntelang mühsam erworben, Bachowak hatte sie ihm alle weitergegeben. Ihm, dem Harvard-Absolventen, Jahrgangsbester, ein Jahr Volontariat in der Primus-Firma ihrer Branche, ausgestattet mit allerbesten Zeugnissen und Referenzen.

Bachowak war nichts anderes als ein einfacher Mechaniker, nicht einmal ein Meister, der Firma ging es damals nicht schlecht, so hatten sie Bachowak von der Werkbank in den Innenbereich versetzt. Eine kleine Anerkennung für dessen Leistung. Wofür er verantwortlich war, wusste niemand so recht. Ein alter Gaul, der sein Gnadenbrot erhielt, für alles und für nichts zuständig. Bachowak war der ideale Diener. Diener, was für ein Wort, aber er war für ihn wie ein Diener gewesen. Hatte sich um alles gekümmert. Nach einem Monat hatte dieser Bachowak jeden seiner Wünsche bereits gekannt, bevor er ihn ausgesprochen hatte. Es lag nun bereits einige Jahre zurück.

Wie geht es Ihnen, Bachowak?

Er grüßte ihn, höflich, aber mit einem Rest von notwendigem Abstand.

Nicht gut, erwiderte der Andere.

Er war perplex. Mit einer solchen Antwort rechnete er nicht. Eine nette Erwiderungs-floskel, aber doch nicht die Wahrheit. Er sah in die traurigen Augen des Anderen.

Kommen Sie, Bachowak, sagte er. Lassen Sie uns beim Essen ein wenig reden.

Eine halbe Stunde später wusste er alles. Bachowak war einer von jedem Dritten, gekündigt, zum Ersten des nächsten Monats. Wer braucht ein altes Faktotum, das nichts mehr an der Werkbank produziert, sein Gnadenbrot fristet. Entlassung. Arbeitslosigkeit. Mit Sicherheit bis zur Rente. Die würde deshalb erheblich gekürzt. Arbeitslosigkeit. Vielleicht reaktive Depression. Bachowak würde einige Jahre tagein, tagaus in seiner kleinen Wohnung sitzen und nach draußen starren. Gelähmt! Die Gedanken: gelähmt. Die Lust am Leben: gelähmt. Die Freude am Aufstehen: gelähmt. Die Antworten auf Fragen seiner Freunde: gelähmt. Die Hoffnung: gelähmt.

Er erhob sich und reichte Bachowak die Hand

Ich werde nie vergessen, was Sie für mich getan haben.

Bachowak schwieg und sah ihn nur mit seinen alten müden Augen an. Dann trennten sich ihre Wege wieder.

Schnurstracks lief er in die Personalabteilung, rauschte an der Chefsekretärin vorbei und stürzte ins Büro des Personalchefs.

Ich weiß, Sie sind in einer nicht zu beneidenden Situation, sagte er zum Personalchef. Auch ich muss in meiner Abteilung Entscheidungen treffen. Auch ich muss Aufträge ausführen, die der Aufsichtsrat anordnet. Aber diesem Bachowak darf nicht gekündigt werden. Niemals! Sie brauchen nur ein Wort zu sagen, ein einziges Wort von Ihnen.

Da trat ein Hauptmann an ihn heran. Herr, mein Diener liegt gelähmt zu Hause und hat große Schmerzen.

Er sagte zu ihm: Ich will kommen und ihn gesund machen.

Da antwortete der Hauptmann: Herr, ich bin es nicht wert, dass Du mein Haus betrittst, sprich nur ein Wort und mein Diener wird gesund.

Und zum Hauptmann sagte er: Geh, es soll geschehen, wie du geglaubt hast. Und in derselben Stunde wurde der Diener gesund. (Matthäus 8:5-13)

18.

Gegenleben

Das Leben eine Bleibe,
Die uns nicht haben will.
Im Buch die letzte Seite,
Ein Rahmen ohne Bild.

Das Leben eine Quelle,
Die rauscht und oftmals schweigt.
Ein Laufen auf der Stelle,
Ein Glück, das kommt, nicht bleibt.

Das Leben ist ein Fenster,
Verhangen, selten klar.
Ein Morgen, noch mehr Gestern.
Was ist, noch mehr was war.

Das Leben eine Sehnsucht,
Ratlos, warum sie ist.
Die ferne kleine Meerbucht,
Du träumst, doch sie vergisst.

19.
Reinwaschung im Trüben

Vor ihm kauerte ein kleiner Mann, der Körperbau drahtig, von den letzten Wochen ein wenig ins hagere gerückt, das Gesicht alt geworden, obwohl noch in der Mitte des Lebens stehend.

Er war für dieses Verfahren nicht ausgebildet, sein Schwerpunkt war Wirtschaftskriminalität. Das war jetzt egal. Die Wirtschaft lief, auf die Geschäftspraktiken kam es jetzt nicht an, vorrangig, alles am Laufen zu halten, damit der goldene Wirtschaftsesel genügend Geldstücke für die heimliche Aufrüstung erbrachte.

Ihre Familien waren einander bekannt. Seit mehreren Generationen. Früher hatten sich die Linien sogar gekreuzt, wie sich das Leben in der Biologie eben zu kreuzen pflegt. Es war besser, nicht daran zu denken, sich nicht zu erinnern, nicht erinnert zu werden.

Er betrachtete den ausgemergelten Mann.

Um Himmelswillen. Sagen Sie, dass Sie keine Ahnung hatten. Keine Ahnung, wem Sie da helfen. Doviak schwieg. Seit einer Stunde, die Zeit des Verhörs, waren seine Ohren geöffnet und der Mund geschlossen.

Nehmen Sie Vernunft an Doviak! Sie brauchen nur zu sagen: Ich wusste nicht, mit wem ich zusammenarbeitete. Ich bereue es. Ich wusste auch nicht, wem ich half. Ein treuer Bürger bin ich, die Ehre meines Landes, das Wohlergehen des Präsidenten, ist mein vorrangiges Streben.

Doviaks Stimme schwieg noch immer.

Sind Sie wirklich der Anführer der Gruppe?

Seine Worte mischten sich selbst zu einem Cocktail aus Härte und Angst. Der Krieg, wie würde er ausgehen. Einige meinten, bald, mit einem schlechten Ende für ihr Land. Dann käme eine Abrechnung anderer Art. Gut, Fürsprecher zu haben. Außerdem, dieser Doviak beeindruckte ihn. Das eigene Schicksal, das Schicksal seiner Familie, Mutter, Vater, Sohn, Tochter, Bruder, Schwester, es kümmerte ihn erst in zweiter Linie, zuerst ging es ihm um die Verfolgten, ihm war das Schicksal seiner eigenen Familie nachrangig.

Seine Stimme wurde ernst.

Doviak, sind Sie der Anführer?

Die Augen des Mannes hoben sich: Sie sagen es! Er bekam es mit der Angst. Am Morgen war seine Frau zu ihm gekommen, Albträume hatten sie in der Nacht heimgesucht. Albträume wegen dieses

Doviak. Anders hatte er sich den Morgen vorgestellt. Er musste erst mittags ins Amt. Hatte sich schon ausgemalt, den Vormittag mit seiner Frau zu verbringen, anders, viel angenehmer, als sich ihre Albträume anzuhören.

Er würde Doviak freilassen. Das war gut für die Zeit nach dem Krieg. Es war gut für die Liebe mit seiner Frau am Vormittag. Es war für vieles gut. Wissen Sie nicht, dass ich Macht habe, Sie freizulassen?

Seine Stimme klang eindringlich, vorwurfsvoll, bestimmend, flehend, alles schwang in dem Klang dieser Worte mit.

Doviak sah ihn an. Du hättest keine Macht, wenn dich unsere Leute nicht in Ruhe ließen.

Er schluckte. Seine Gedanken waren verwirrt, gerade jetzt hätte er einen klaren Kopf nötig gehabt.

Was werfen sie diesem Doviak vor? Verbrechen gegen die Menschlichkeit. Doch Menschlichkeit ist in diesen Tagen kein Gut von dieser Welt.

Dann sind Sie ein Humanist? Ein Träumer? Ein Märtyrer?

Sie sagen es! Mein Zweck ist nicht das Leben. Ich werde sterben. Mein Tod ist das Samenkorn, das die Fesseln eures Systems sprengen wird.

Keine Waffen werden es schaffen, keine Rache, keine Dispute, der Tod wird es bewerkstelligen!

Er stürzte aus dem Zimmer und hetzte in die nächste Abteilung. Angst, Unruhe trieb ihn. Ohne anzuklopfen stürmte er ins Zimmer. Der Andere war ihm zumindest gleichgestellt.

Wir können diesen Doviak nicht aburteilen. Denken Sie an unsere Ausbildung. Was hat er getan, das sich als Unrecht bezeichnen lässt?

Für wen sind Sie? Stellen Sie sich gegen unseren Präsidenten?

Er schluckte. Dieser Vorwurf war nichts anderes als das eigene Todesurteil.

Ich bin kein Fachmann auf diesem Gebiet. Bin Wirtschaftsanwalt. Was werft ihr diesem Doviak eigentlich vor?

Hochverrat! Auflehnung gegen den Präsidenten. Will sich selbst auf den Stuhl setzen. Versteckt Leute, die liquidiert gehören.

Ich kann ihn nicht aburteilen. Nehmen Sie ihn doch und richten Sie ihn nach den Vorschriften ihrer Abteilung.

Der Andere betrachtete ihn. Mir ist es nicht gestattet, ein Todesurteil auszusprechen. Dies ist Ihrem Ressort unterstellt. Aber vergessen

Sie nicht, wenn Sie ihn nicht hinrichten lassen, stellen Sie sich direkt gegen den Präsidenten.

Seine Kehle, trocken war sie geworden, schnürte ihm den Atem zu. Er griff in seine Tasche und zog ein Schreiben hervor. Stumm setzte er sich an den Tisch und ergänzte die Zeilen.

Unterschreiben Sie mir wenigstens, dass sie mich beauftragt haben, ihn abzuurteilen. Mehr möchte ich mit der Sache nicht zu tun haben.

Mit diesem unterschriebenen Schriftstück kehrte er zurück. Er legte Doviak das Papier vor. Sie haben nur Macht, weil unsere Zeit noch nicht gekommen ist, sagte der hagere Mann.

Er wurde noch ängstlicher und verließ das Zimmer. Morgen würde er Doviak heimlich verlegen lassen, alles arrangieren, dass er flüchten konnte. Er musste ihn freilassen. Die Albträume seiner Frau. Seine eigene Angst. Die Unschuld des Anderen. Das Telefon klingelte. Es war sein Gesprächspartner von vorhin.

Lassen Sie diesen Doviak endlich hinrichten. Oder Sie sind kein Freund des Präsidenten mehr. Jeder, der sich als Anführer einer eigenen Sache gibt, lehnt sich gegen den Präsidenten auf.

Antwort kam von ihm nicht mehr. In Trance kehrte er ins Zimmer zurück und hieß alle Mitarbeiter seiner Abteilung, sich bei ihm zu versammeln. Vor den Augen der Vielen holte er aus seiner Schublade seinen Stempel hervor, verlas noch einmal die Anschuldigungen, auch die Zeilen, die er dem Anderen abgenötigt hatte. Dann setzte er handschriftlich darunter:

Im Auftrag des Leiters der Abteilung IV, die mit der entsprechenden Kompetenz nicht ausgestattet ist, wird hiermit das Vollstreckungsurteil bestätigt.

Ein letztes Mal flogen seine Augen über das Papier. Ein letztes Mal griff er zu einem Stift, rot, blutrot die Farbe des Stifts, und unterstrich die Worte: Im Auftrag.

Als Pilatus sah, dass er nichts erreichte, sondern dass der Tumult immer größer wurde, ließ er Wasser bringen, wusch sich vor allen Leuten die Hände und sagte: Ich bin unschuldig am Blut dieses Menschen. Das ist eure Sache!

(Lukas 27:24)

Irgendeines Sache musste es schließlich sein.

20.
Kontrastleben

Trotz all den Sonnentagen
Fluten zahllose Klagen
Durch diese traute Welt.
Obwohl wir ins Glück greifen,
Träume zu Ende reifen
Gibt es vieles, das nicht gefällt.

Die Haarfrisur am Morgen,
Der Falten hoher Bogen
Sind Schatten auf den Tag.
Glückliche Vogellieder
Dringen nicht zu uns nieder,
Banales uns den Tag verdarb.

Herr lehre meine Augen,
Großes im Klein'n zu schauen,
Das die Dunkelheit wehrt.
Denn unsre Lebensreisen
Besteh'n aus Lachen, Weinen,
Nur Beides uns Weisheit beschert.

21.
Das erste letzte Ma(h)l

Aufbruch. In eine andere Welt. Neues Land, nie gesehene Menschen, Natur von einem anderen Stern, in der Luft geschriebene Geschichten, Bilder, die sich in Felsen eingebrannt hatten, Vergangenheit im Erdboden, neue Ereignisse als Perlschnurkette aneinandergereiht, aufgewühlte Versteinerungen nie gesehener Formen des Daseins. Alles lag vor ihm. Eine weitere Reise. Den Vater, er ließ ihn zurück, seine Mutter, er würde sie nicht wieder sehen, Brüder und Schwestern, ihre Tränen netzten sein Gepäck, Freunde, nichts anderes mehr als verblassende Bilder eines ereignisreichen Lebens. Alles ließ er hinter sich, der neuen Welt entgegen. Unentwegt kamen ihm Freunde und Weggefährten in den Sinn. Die Bilder wollten nicht weichen. Drei Monate waren sie durchs Land gezogen. Es lag mehrere Jahre zurück. Ein Dutzend Freunde und er. Der Himmel war ihr Dach, am Tage und in der Nacht, die Sterne winzige Lampen, von der Dämmerung sanft eingeschaltet, vom Morgen des nächsten Tages zärtlich ausgehaucht. Am Wegesrand, in den

Wäldern, pflückten sie Beeren, vom Rand der Felder durften sie Ernte halten, Getreidekörner, die sie langsam, während des gesamten Tages, mit den Zähnen zermalmten, gelber Mais, Zucker spritzte durch den Mund, wenn der Biss die zarten Hüllen zum Platzen brachte, manchmal Rüben, über ein offenes Feuer gegart.

Wer war ihm wichtig geworden, wichtig geblieben, im Leben? Seine Eltern, sie standen vorne, eine Frau hatte er nicht, mit der Zeit rückten die Geschwister auf, unterschiedlich weit, obwohl er jeden liebte, aber die Liebe ist gleicher als alles und ungleicher als jedes.

Die alte Frau war ihm nie aus dem Gedächtnis gegangen. Sie waren unterwegs gewesen. Am Ende eines langen Tages. Am Horizont öffnete sich das Bild eines Friedhofs. Still, gewaltig lag er vor ihnen. Er liebte Friedhöfe, sie erzählten unendliche Geschichten. Kurze, nur wenige Jahre alt, lange, das Alter aus dem Spiegel eines Baumes. Sie beschlossen, über den Friedhof zu gehen. Auf einmal schwieg alles, jedes Geräusch; der Gesang der Vögel, er verstummte. Vor einem alten Grabstein, aus einem einfachen Felsen gebrochen, kniete die alte Frau. Seine Blicke fielen sofort auf die Inschrift. Der Name eines jungen Mannes, kaum 20 Jahre alt geworden. Doch noch immer die frische Trauer der alten Frau. Die Zahlen auf dem Grabstein verrieten das Alter des Todes. 25 Jahre war es her. Der Tod, älter geworden als das jungverwelkte Leben. Die Frau hatte sie nicht bemerkt, so näherten sie sich vorsichtig, sie in ihrer alternden Trauer nicht zu erschrecken. Als sie sich umdrehte, trafen sich vertraute Blicke. Fremd war sie. Die Trauer versiegte. Er reichte ihr die Hand und richtete den alten Körper auf.

Zwei Freunde stützten die Frau und sie liefen schweigend ins Dorf. Als sie das Haus erreichten, erkannten sie trotz der Dunkelheit das Elend der Witwe. Überall fehlten die Hände des Sohnes, sie ruhten still unter der Erde. Zerfall hatte sich auf das kleine Haus gelegt. Der Wind trieb sein Spiel mit gebrochenen Scheiben, die Tür bot keinen Schutz, faustgroße Löcher ließen die Nagetiere des Hofes im Haus Unterschlupf suchen, im Gemäuer war es noch schlimmer, besser, sein Haupt unter den Himmel zu betten, die Tiere des Stalles hatten es besser.

Eine seltsame Woche lag vor ihnen. Eine Woche des Schweigens. Niemand sprach. Nicht die alte Frau. Die Freunde nicht. Er ebenso wenig. Sie verstanden sich mit ihren Blicken. Nach einer Woche war das Haus verwandelt. 25 tote Jahre des Sohnes waren ausgetilgt. Er sah sie während der ganzen Zeit nur einmal lächeln. An dem Tag, als sie wieder zum Friedhof ging. In ihrem Zimmer blieb eine alte braune Tasche zurück, gefüllt mit Kleidung, Hose, Hemd, Strümpfe, Schuhe für einen jungen Mann. Sie hatte zwölf Söhne gewonnen, er war an die Stelle des Verstorbenen getreten, die Woche hatte sie verbunden, auch wenn sie weiterziehen mussten. Sie beschlossen, wiederzukehren. Jedes Jahr mindestens einer von ihnen, nur er nicht. Bis der alten Frau der Weg zum Friedhof geleitet wurde. Er blickte die Freunde noch einmal an, liebevoll und streng zugleich, sie verstanden, dass es ihm wichtig war.

Nun war er an der Reihe. Eine Reise antreten, Altes hinter sich zu lassen. Eltern, Geschwister, die Erinnerungen, seine Freunde. Ein letztes Mal wollten sie sich treffen, seine Freunde und er, Mahl zu halten, wie damals, sich nur mit ihren

Blicken verständigen, Worte waren nicht mehr nötig.

Vor sich sah er den Tisch, er saß in der Mitte, links und rechts von ihm die Freunde, hälftig aufgeteilt, sechs auf jeder Seite. Ihre Hände griffen nach dem Brot, nacheinander, nicht gleichzeitig, bis auf einen.

Als die Stunde gekommen war, begab er sich mit seinen Jüngern zu Tisch. Und er sagte: ich habe mich sehr danach gesehnt, vor meinem Leiden dieses Paschamahl mit euch zu essen.
(Lukas 22:14,15; Matthäus 26:22,23).

22.
Geschenkte Welt

Jeder Tag
Ein neues Blatt.
Jeder Augenblick
Ein neues Lebensglück.
Jeder Wille
Voller Ziele.
Jedes Herz
Nicht ohne Schmerz.
Jedes Licht
Voller (Aus-)sicht.
Jede Stille
Voller Wille.
Jedes Beten
Voller Reden.
Danke Herr für Deine Welt,
Die mich stets am Leben hält.

23.
Verkehrtes von grünen und dürren Ästen

Es gibt Dinge, die gibt es eigentlich nicht. Bis es sie doch gibt.

Wie alt er war, konnte ihm seine Erinnerung nicht mehr sagen, zu weit lag es zurück. Die Situation war belanglos, von Anfang an. Ein U-Bahnhof, fast leer. Vom Zug keine Spur. Was anfangen? Er lief herum und sah plötzlich eine alte Frau die Treppe hinunterkommen. Wie alt er war, er wusste es nicht. Er war von der Situation fasziniert, obwohl nichts Weltbewegendes geschah. Die alte Frau kam die Treppe hinab. Die rechte Hand umklammerte das linke Treppengeländer, in der Hand ein Stock. Die rechte Hand am linken Geländer? Es war verkehrt. Die Frau war verkehrt. Das andere stimmte. Die Treppe, das Geländer. Rückwärts lief die Alte, lief rückwärts. Seine Augen staunten, er hatte noch nie eine Frau gesehen, die rückwärts die U-Bahn Treppe hinablief.

Seine Augen konnten vom Bild nicht ablassen. Spät merkte er, dass die Alte plötzlich vor ihm stand. Und ihn anblaffte. Warum er sie anstarrte? Was ihm einfiele? Eigentlich nichts, aber er konnte sich nicht verteidigen. Ein Redeschwall ergoss sich über ihn. Sicherheit, Alter, heutige Jugend, keine Hilfe. Im Alter lief man besser rückwärts die Treppen, besser rückwärts durchs Leben, es war sicherer und schwerer. So viel behielt er vom Redeschwall. Im Alter. Das Leben hatte den Spiegelpunkt der Lebensmitte überschritten und lief jetzt verkehrt herum. Nicht nur die Treppen.

Es gab Dinge, die gibt es nicht. Rückwärts. Der erste Mensch, der im Hochsprung rückwärts über die Latte flog. Viele hatten ihn für verrückt erklärt. Es als Flop bezeichnet. Heute springt jeder auf dieselbe Weise, auf diese Weise, über die Hochsprunglatte, nur nicht über die Latte des Lebens.

Anderes gab es, das es eigentlich gar nicht gibt. Menschen, denen die Köpfe abgeschnitten wurden. Menschen, denen die Köpfe abgeschnitten wurden? Er wiederholte den Satz für sich, konnte es trotzdem nicht glauben. Auf dem Balkan, im mittleren Osten. Auf einem Schlachthof ging es humaner zu. Ein Hof für Tiere. Nackte Körper, die auf einem Gefängnishof an einer Hundeleine, auf allen vieren, herumgeführt wurden. Wenigstens wurde ihnen nichts abgeschnitten, nichts von ihren Körpern. In Körperöffnungen eingeführte Knüppel, anderen Vergewalt anzutun.

Liebermann fiel ihm ein. Beim Anblick der vor seinem Haus aufmarschieren braunen, aus Fackeln brennenden Suppe, sprach er: Ich kann gar nicht so viel fressen, wie ich kotzen möchte. Es gab Dinge, die gab es nicht.

Seine Kenntnisse des alten Buches waren eingeschränkt. Ließ sich jetzt verstehen, warum Sodom und Gomorrha verbrannten, die Menschen zu Noahs Zeiten weggespült wurden? Ninive hatte seinen Kopf noch einmal aus der Schlinge gezogen. Saß die Schlinge heute nicht bereits viel zu fest? Er legte die Zeitung zur Seite. Mit einer Schere zerschnitt er das Kabel des Fernsehers. Einen Totenkopf klebte er auf den Schalter des Radios. Aus allen Öffnungen spukte es Dinge, die es eigentlich gar nicht gab.

Denn es kommen Tage, da wird man sagen: Wohl den Frauen, die unfruchtbar sind, die nicht geboren und nicht gestillt haben. Dann wird man zu den Bergen sagen: Fallt auf uns! Und zu den Hügeln: Deckt uns zu! (Lukas 23:29-31)

Denn wenn das mit dem grünen Holz geschieht, was wird dann erst mit dem Dürren werden?

24.
Überall Nichts

Grau die weite Welt,
Grau das Himmelszelt.
Nirgends Farbenbunt
Hoch am Himmelsrund.

Müde jede Hand,
Müd' das Lebensband.
Nirgends helles Licht
In die Seele bricht.

Schwach ist jeder Sinn,
Schwach der Lebenswind.
Nirgends klingt dein Lied,
Das mir Hoffnung gibt.

Fort ist nun dein Herz,
Fort doch nicht der Schmerz.
Nirgends deine Hand
An mein'm Lebensband.

25.
Feindlich geeinte Scheinfreundschaft

Ihm fiel niemand ein, den er mehr hasste. Dieser Arthur Cage kam direkt von der Muttergesellschaft, war unmittelbar dem Vorstandsvorsitzenden unterstellt, nicht ein Seidenpapier passte in der Hierarchie zwischen diesem Arthur Cage und dem großen Boss. Hier hatte er das sagen. Sicherlich, 5000 Angestellte unterstanden ihm, er war weisungsbefugt, in allen Bereichen, soweit es Arthur Cage duldete. Meist kümmerte es diesen Cage nicht, was er tat. Er deutete es als Verachtung, Geringschätzung seiner Position. Und wenn sich dieser Cage um ihn kümmerte, interpretierte er es auch nicht besser, dann ahnte er hinter jedem Vorschlag des anderen den leisen Strich einer Säge, die Zug um Zug an seinem Stuhl nagte. Arthur Cage war Ausländer, seine Frau nicht. Was lag näher, als dass die Cages sich hier niederließen, mochte auch der Sitz der Mutterfirma weit weg sein. Nicht von Pappe war die Frau des anderen, er wusste, alles setzte sie daran, im eigenen Land zu bleiben. Die Frau war der Schwachpunkt in Cages Leben, Fehler unterliefen ihm nicht, darauf konnte er lange warten. Aber die eigene Frau machte ihn angreifbar, verwundbar. Er sah es genau und wusste eben, dass keiner der beiden seine Einschätzung ahnte.

Cage wollte den Personalchef feuern. Es war klar, warum. Der Personalchef war der treueste Kämpfer auf seiner Seite, mit diesem Schachzug würde Cage ihm auf einmal eines seiner vier Stuhlbeine durchsägen. Blieben die drei anderen. Er rechnete mit dem Chef der Finanzabteilung. Sicherlich würde Cage sich danach der Finanzabteilung zuwenden und einen eigenen Gefolgsmann von drüben installieren. Spätestens dann war die Schlacht entschieden. Früher hätte ein Mann in seiner Position sich nur noch an seinen Schreibtisch setzen, den Revolver aus der Schublade ziehen und seine Ehre mit einem Kopfschuss retten können.

Die Ehre für den Nachruf retten. Er lachte. Vorbei waren solche obskuren Zeiten. In den Vorruhestand würde er gehen. Golf, Tennis, Reisen, einige Vorträge halten, alte Freunde treffen, ein (Kopf-)Schuss auf Raten. Es gab niemanden, den er mehr hasste als Arthur Cage, man konnte es ihm nicht verübeln. Arthur Cage war ein gutaussehender Mitvierziger, gepflegter

Dreitagebart, erste graue Strähnen, seitlich an den Schläfen im vollen Haar, von Statur aber nicht zu hoch geschossen, bis in die kleinsten Muskeln durchtrainiert.

Er saß ihm direkt gegenüber. Cage hatte ihn zu einem Gespräch gebeten. Gebeten, nicht beordert. Noch oder erneut bestand Waffengleichheit.

Die Geschäfte laufen schlecht, begann Arthur Cage. Es gibt Stress mit der Mutterfirma.

Er nickte. Unterdrückte ein Grinsen. Die Bilanzen waren mehr das Problem von Cage, nicht von ihm.

Wir sollen uns neue Absatzstrategien einfallen lassen, fuhr Cage fort. Andere Märkte, Osteuropa, Asien, was weiß ich.

Er nickte. Unverhofft eröffnete sich hier eine Möglichkeit. Ein Ruf nach Hongkong, der Aufbau einer Zentrale für den expandierenden chinesischen Markt. Warum nicht.

Erst müssen wir unsere Schulaufgaben zu Hause machen, unterbrach Arthur Cage seine Gedanken. Ohne das kann ich in der Konzernspitze nichts durchdrücken.

Cage griff in sein Jackett, zog ein Bild hervor und knallte es auf den Tisch.

Er kannte den Mann. Alle sprachen über ihn. Nicolas Miles, alles wirbelte dieser Miles durcheinander, brach alte Strukturen nieder, verdrängte alt eingesessenen Manager von ihren Pfründen und hob von heute auf morgen Angestellte aus irgendeinem verlassenen Büro der Firma an die Spitze dieser Abteilung. Die Konzernspitze ließ diesen Miles gewähren. Er war das dünne Blatt, das sich zwischen dem Konzernchef und Arthur Cage geschoben hatte. Deshalb war Cage so aufgebracht.

Cage wandte sich wieder seinem Gesprächspartner zu:

Was sollen wir streiten, sagte er. Der Kuchen ist groß genug für uns beide. Sie helfen mir, diesen Miles aus dem Weg zu schaffen und ich serviere Ihnen auf einem goldenen chinesischen Tablett den Traumposten in Hongkong. Aufbau der Firma in Asien. Einmal die chinesische Mauer rauf und runter.

Er nickte, schüttelte dann aber den Kopf.

Wie soll das alles gehen? Ich würde Ihnen ja helfen, aber wie haben Sie sich das vorgestellt? Cage sah ihn an: Dieser Miles kommt nächsten Monat nicht nur auf Stippvisite sondern für ein halbes Jahr zu uns. Sie kennen den Laden hier besser als ich. Wir werden ein paar Fallstricke spannen. Miles ist schnell erledigt.

Er grinste Cage an. Warum nicht? Ein paar Fallstricke, im Gegenzug Hongkong. Die ganze Welt hing an Stricken. Was hatte er eigentlich gegen Arthur Cage? Er war der sympathischste Mann, den er sich vorstellen konnte.

Als Pilatus das hörte, fragte er, ob der Mann ein Galiläer sei. Und als er erfuhr, dass es zutraf, ließ er ihn zu Herodes bringen. Herodes und seine Soldaten zeigten ihm offen ihre Verachtung. Er trieb seinen Spott mit ihm, ließ ihm ein Prunkgewand umhängen und schickte ihn zu Pilatus zurück.

An diesem Tag wurden Herodes und Pilatus Freunde. Vorher waren sie Feinde gewesen. (Lukas 23:6,7, 11,12)

26.
Zweite Luft

Herr bitte mach' mir
Die Lebenstür
Und die Lebenszeit
Noch einmal weit,
Dass jede Enge,
Alles Gedränge
Auf dieser Welt
Von mir fällt;
Ich ohne Menschenwerk sehe,
Die Ewigkeit verstehe
Und nur
Klänge der Natur
In meine Ohren dringen.
Die Lebensschwingen
Mich noch einmal tragen,
Bevor mein Lebenswagen,
Gezogen vom Sternenpferd,
Zu Dir zurückkehrt.

27.
Der besiegte (auferstandene?) schwarze Tod

Überall stank es nach lebendig faulendem Fleisch. Ein süßlicher Geruch, in dem sich der aufgequollene zähe Gestank des dicken Eiters mischte, dessen krümelige Masse unter den schwarzen Blasen schwappte. Die Verschonten hatten ihr Gesicht mit feuchten Tüchern verhangen oder schnabelähnliche Gebilde vor die Nase gepresst, dem sie umgebenden Tod den Eintritt in ihre oberen Körperöffnungen zu verwähren. Wer kräftig genug war, warf die zahllosen toten Körper auf einen Holzwagen, der das stinkende Fleisch zu riesigen Feuern trug, in dem die zerfressenen Gebeine zerglühten. Da das Feuer mit der immensen Aufgabe nicht fertig wurde, wurden andere tote Wagenladungen in die brachliegende Lagune gekippt. Mit nach oben blickenden weit aufgerissenen Augen trieben die Toten vom Fäulnisgas aufgedunsenen Körper auf der Wasseroberfläche, bis sich das Meer erbarmte und eine Strömung die Toten forttrug.

Nicht selten landeten noch Lebende im Feuer oder zwischen dem Treibgut des Todes in den schwerfälligen Fluten der See. Zuerst ein Versehen. Später, als der Zusammenhang der Krankheit enträtselt schien, packte man die wehrlosen, zerschundenen Menschen, egal ob Mann, Frau oder zartes Kindesalter, auf die zahllosen Holzgefährte, um sie dem Fraß des Feuers und der Gier des Meeres vorzuwerfen. Wessen Sinne noch nicht getrübt, konnte in den prasselten, zischenden Flammen das Stöhnen und Wimmern der Sterbenden vernehmen, die traurigen Kinderlieder im dunklen Rauschen des Meeres, bis die Geräusche mit dem Rauch des Feuers und der salzigen Brise des Meeres weggetragen wurden.

Er hatte Glück. Der Name des Glücks war Geld, Beziehung, Einfluss. Draußen vor der Stadt war ein Gebäude eingerichtet worden, in dem die Todgeweihten gepflegt wurden, bis ihr stinkender Leib, vom Tod dahingerafft, ehrenvoll in der Erde bestattet wurde, nicht im Feuer, nicht im Meer, nicht im Maul gieriger Tiere, deren Gier selbst vor den eiterzerfressenen menschlichen Kadavern nicht Halt machte.

Niemand war jemals aus dem schwarzen Haus lebendig zurückgekehrt. Dafür wurde das Leid gelindert, das Essen sichergestellt, bis sich die zerfressenen Schlünde selbst weigerten, noch Nahrung aufzunehmen; die Schmerzen wurden durch die Kunst von weit herumgekommenen Quacksalbern gelindert.

Bartholomäus fristete sein Dasein im Totenhaus, wartete auf den Eitertod, seinen schwerfälligen Atem, den beißenden Geruch seiner Fersen, die sich an alles Lebende hefteten, kaum dass es das Licht der Welt erblickte. Die Wohltaten des Bartholomäus waren gewaltig gewesen, Güte und Reichtum hatte er ohne Ansehen der Person gestreut, auf Witwen und Arme, finanziell in Not geratene Kaufleute, verkrüppelte Seeleute, alle, denen sein Auge habhaft werden konnte. Nun war er bedürftig geworden, vegetierte im Totenhaus, von der Barmherzigkeit anderer abhängig.

Doch alle, die vom Segen seines mildtätigen Herzens gestreift worden waren, hatten sich abgewendet, die letzten, als er halb verzehrt auf einem Ochsenwagen ins Totenhaus gebracht worden war.

Nur ein junges Mädchen erinnerte sich an ihn, war seiner Schicksalsfahrt zufällig ansichtig geworden und hatte einige Tage hin und her geschwankt, Bartholomäus zu besuchen. Es bedeutete nichts anderes, als alle verbotenen Grenzen zu durchbrechen; sich heimlich ins Gemäuer zu schleichen, die Entdeckung ihres Unterfangens hätte Schlimmes bedeutet. Selbst da sie gesund war, hätte man sie nie mehr fortgelassen aus Angst, der Tod klebte fortan an ihren Fersen, die Rückkehr in die Stadt, zu Familie und Freunden, wäre ihr ewig verwehrt geblieben oder man hätte sie einfach einem räudigen Hund gleich totgeprügelt und leblos in die Lagune oder ins Feuer geworfen.

Marie ließ sich von alldem nicht abhalten, dieser Bartholomäus hatte ihren Bruder, den einzigen vertrauten Menschen in ihrem Leben, das Leben gerettet, durch eine großzügige Spende eine nicht zu umgehende chirurgische Behandlung beim teuersten Arzt der Stadt bezahlt, obwohl er beide nicht kannte, nicht sie, nicht den Bruder.

Ich werde nicht sterben! Sie erinnerte sich an die Worte des Bartholomäus, als der Ochsenwagen an ihr vorbeigerollt war, ich werde nicht sterben, immer wieder hatte er den Satz vor sich hingemurmelt oder vor sich her geschrien, bis der Klang seiner zerbrochenen Stimme mit dem Knarren des schweren Wagens hinter dem Horizont verschwunden war.

Das Totenhaus lag jetzt in Sichtweite. Marie hatte sich einfach auf ein hölzernes Gefährt gelegt, das die Sterbenden in das schwarze Gebäude brachte. Anders dünkte ihr kein Weg, hineinzukommen. Sie war in einem unbeobachteten Moment zwischen die röchelnden Leiber gekrochen, ein Weib, vorgerückten Alters, ein junger Mann, das Gesicht aristokratisch feingliedrig, eine Frau, ihre Augen fahl wie der graue, zerzauste Pelz einer Ratte, zwei Kinder, die Lippen dunkelrot, vom ausgespienen Blut getränkt, ihre Stimmen kärgelten nach den vertrauten Eltern. Marie spürte die schmierigen Sekrete, von aufgebrochenen Beulen der anderen liefen sie auf ihre gesunde Haut hinab. Sie hielt den Atem an. Speiübel war ihr. Fortrennen konnte sie nicht mehr, sie hatte den Tod geküsst. Und stand sie nicht bis zur Spitze ihres letzten Haares in der Dankesschuld dieses Bartholomäus? Vielleicht kam sie zu spät. Ruhte er schon in der lindernden

Kühle der Erde? Musste seinen Körper nicht länger in den Qualen des Schmerzes wälzen, mit dem zähflüssigen Eiter der aufgeplatzten Beulen panieren, dem Tod ein leckeres Mahl zu bereiten. Es war ihr gleich.

Selbst wenn Bartholomäus bereits tot war, wenigstens hatte sie es versucht. Sie ließ sich wie die anderen ins Gebäude tragen, ihre Kraft war noch frisch, trotzdem schleppte sie sich durch die Gänge, um keinen Argwohn zu erwecken. In viele sterbende Gesichter sah sie, hinter keiner menschlichen Fassade erkannte sie die Züge des Bartholomäus. Sie fasste ihren letzten Mut zusammen und lief zu einem der Wärter. Er saß hinter einem großen Buch, schrieb unentwegt Namen auf das gelbe Papier und verzierte die Buchstabengebilde mit schwarzen Kreuzen.

Als sie ihn nach Bartholomäus fragte, schüttelte er verwundert den Kopf.

Was suchst du diesen Bartholomäus? Er ist nicht hier! Der Tod konnte ihn nicht fassen. Er ist der erste, der dieses Totenhaus verlassen hat. Vor drei Tagen. Was suchst du einen Gesunden bei den Sterbenden?

Am ersten Tag der Woche gingen die Frauen mit wohlriechenden Salben, die sie zubereitet hatten, in aller Frühe zum Grab. Da sahen sie, dass der Stein weggewalzt war. Während sie ratlos dastanden, traten zwei Männer in leuchtenden Gewändern zu ihnen:

Was sucht ihr den Lebenden bei den Toten? Er ist nicht hier, sondern er ist auferstanden.

(Aus Lukas 24:1,2, 4,5)

28.
Der siebente (erschöpfte?) Schöpfungstag

Wir plagen
Uns an fünf Wochentagen.
Samstag
Gibt es einen Zwittertag.
Doch Sonntag
Ruht die Lebensfahrt
Und nur der Geist
Übt sich im Fleiß.

29.

Der Tod hoch drei (Tod^3?)

Ein kleines Dorf, unweit der Küste, tagein, tagaus bestrichen vom Seewind, überall salzige Krusten: auf der Haut der Menschen, an den Häuserwänden, als Glasur über all dem Grün der Blätter. In der Mitte, auf einem Hügel, thronte die alte Kirche. Alle Häuser des Dorfes übereinandergestellt würden die Höhe der Kirchturmspitze nicht erreichen. Die zu Stein gewordene religiöse Macht regierte das Leben. Peinlich achtete sie auf das Einhalten der Vorschriften, einige stammten noch aus dem alten dicken Buch, viele waren im Laufe der Zeit den Köpfen schwarzgewandeter Menschen entsprungen. Nicht allen brachte der Kirchturm das Leben, für einige das Sterben, Jahre später war es offenkundig geworden, lockte der Kirchturm zahllose junge Männer in den Tod.

Er war zu jung, um die Bezeichnung des Tages zu verstehen. Aus dem Wasser kam das Leben. An diesem Tag war die Freiheit aus dem Wasser gekommen. Unzählige Schiffe, prall gefüllt mit jungem menschlichen Leben, in Uniform gesteckt, näherten sich der Küste. Die

Vorstellungskraft ihrer wenigen Jahre reichte nicht, das Kommende zu erahnen, etliche von ihnen würden keine sieben Tage später in endlosen Reihen unter der Erde liegen, penibel nebeneinandergereiht, alle Gesichter gen Westen gerichtet, ihrer Heimat entgegen, aus der sie gekommen waren, der alten Welt die Freiheit zu bringen.

Freiheit gab es nicht umsonst, sie musste teuer erkauft und ewig verteidigt werden. Ein Träumer, der dies ignorierte. Ewig verteidigen. Das bedeutete auch ewig Angriff, ewig Gegenangriff, ewig Auseinandersetzung, ewig Krieg.

Auf der hohen See hatten sie schwimmende Panzer ausgesetzt. Die Kirchturmspitze war ihr Ziel. Nur trieb sie die Brandung erbarmungslos ab. Ihr Ziel nicht aus den Augen zu verlieren, steuerten sie ihre Gefährte breitseits zur Strömung. Als hätte das gierige Meer nur darauf gewartet, schleuderte es meterhohe Wellen gegen die langen Seitenwände und kippte die gepanzerten Kolosse um, verschlang sie mit Ross und Reiter. Die Kirchturmspitze, die zu Stein gewordene Religion, die erstarrte Überlieferung, hatte die Freiheitskämpfer direkt in den Tod geleitet, als fürchtete sie sich vor etwas Neuem, dass überall alte Ordnungen aufbrach. Nebeneinander lebten die Mächte, die Religion in Form des alten Kirchgebäudes, daneben passender als Repräsentanz der weltlichen Macht drei Fahnenmaste.

Auch sie hätten übereinandergestellt nicht die Kirchturmspitze erreicht, wenigstens überragten sie die schlichten alten Häuser des menschlichen Lebens. An diesem Tag war viel Tragisches zusammengekommen: hohe Brandung, schlechte Wetterlage, Wolken, ungünstige Sicht. An der verkehrten Stelle hatten die fliegenden Transportmaschinen die fallschirmbehangenen menschlichen Wesen ausgespuckt. Statt auf den sicheren unbeobachteten Feldern waren sie arglos über dem Dorf abgesprungen. Ein menschlicher Punkt verfing sich an der Kirchturmspitze. Instinktiv stellte sich der Unglückliche tot, deshalb wurde diese unglückselige Verkettung seine Lebensrettung. Die MG-Schützen verzichteten darauf, ihre wertvollen Kugeln auf das regungslos am Kirchturm baumelnde Leben zu richten. Ein kleiner Ausgleich des zu religiösem Stein gewordenen Gebäudes für die vielen anderen Leben, die es als Ziel in den Tod geleitet hatte.

Andere hatten weniger Glück. Statt auf der klerikalen Macht landeten sie auf der weltlichen. An jedem der drei Fahnenmaste hing ein Fallschirmspringer. Der mittlere Mast überragte die beiden anderen. Der Körper an diesem Mast regte sich nicht mehr, der Leib war von der Spitze des Fahnenmastes durchbohrt worden. Links und rechts daneben regte sich noch das Leben, zerrten Gliedmaßen an den Stricken der sie ankettenden Fallschirme. Noch bevor sich die beiden äußeren Körper, die um den linken und rechten Fahnenmast geschlungenen Leben, aus der misslichen Lage befreien konnten, waren ihre Leiber von MG-Salven durchlöchert. Wie traurige Gebilde hingen sie an den Stangen, der Wind rührte sich nicht.

Angenagelt verharrten die Körper in derselben Position, die sich gebildet hatte, als sie der Tod ereilte. Der mittlere Körper ebenso in derselben Position, als ihn der Fahnenmast tödlich durchbohrt hatte. Sonst war er äußerlich unversehrt, die Haut an keiner Stelle von einer Kugel verletzt.

Drei ausgelöschte Leben, vom Himmel gekommen, die Freiheit zu bringen. Selbst da es befremdlich klingt, zwängte sich dem nachschauenden Auge aus der Entfernung der Zeit der Vergleich eines tragischen Theaterbildes auf, eine alte Kirche, dunkel ragte sie in den Himmel, bange darauf wartend, was denn kam, vom Himmel und aus dem Wasser, daneben der Hügel, nachgestellt mit den drei gekreuzigten Leben.

Sie kamen zur Schädelhöhe. Dort kreuzigten sie ihn und die beiden anderen, den einen rechts von ihm, den anderen links. (Nach Lukas 23:33)

30.
Gesehenes Vergehen

Siehst du den Lebenswagen?
Kaum dass er kommt fährt er,
Nach leidgefüllten Tagen
In ein vergang'nes Meer.

Siehst du die Himmelssterne,
Schon tot und scheinen noch.
Die nahgeword'ne Ferne
Nur Staub im schwarzen Loch.

Siehst du die bunten Farben,
Sie täuschen Hoffnung vor.
Das Leben ist voll Narben,
Ein fest verschloss'nes Tor.

Siehst du die fernen Straßen?
Du gehst, doch sie steh'n nur.
Du wirst sie einst verlasen,
Zurück bleibt keine Spur.

31.
Zufällige Schuld

Was genau geschehen war, konnte keine menschliche Seele mehr sagen, keine, die dabei gewesen war, keine, die mit dem weitblickenden Abstand der Geschichte später versuchte, Licht in das tragische Wirrwarr zu bringen. Panoramablickend war sie einfach dagewesen, klein, rundlich, im wahrsten Sinn des Wortes hochexplosiv, dabei kalt wie Stahl. Wie viele dieser unersättliche Krieg bereits dahingerafft hatte, war längst nicht mehr auszumachen, mittlerweile differierten die Schätzungen nicht mehr um Tausende sondern um 100 mal Tausende.

Kam es auf einen mehr oder weniger an? Sicherlich, es hatte einen Offizier getroffen, dieser Verlust wog mehrere Bauern auf. Krieg war ein Schachspiel. So war die Gleichung, eine Rechnung, die in keinem Mathematikbuch stand. Der Attentäter musste die Fahrtroute genau gekannt haben.

Oft wurde der Weg geändert, plötzlich, unvorbereitet, um etwaigen Anschlägen aus dem Weg zu gehen. Die Gefahr dafür nicht sehr groß.

Viele der Widerständler waren liquidiert worden, der Rest verkroch sich in irgendwelchen Rattenlöchern, aus denen sich nichts unternehmen ließ.

Haujoch steckte in einem weiten, grauen Mantel. Ähnlich den Männern vom Geheimdienst. Unter dem Arm klemmte eine aktuelle Ausgabe der staatlichen Zeitung. Spät dran war er. Obwohl er eine Stunde früher als üblich das Haus verlassen hatte. Sein Weg hatte ihn zu einer kleinen Wohnung in einem Altbau, drei Querstraßen abseits, geführt.

Dort ruhte der augenblickliche Punkt seiner Zuneigung. Brünett, lange schlanke Beine, eine Körperform wie eine griechische Göttin, aber einfach im Wesen, nur deshalb für Haujoch erreichbar.

Er schlug den Mantelkragen hoch und ließ sein Kinn hinter dem Revers verschwinden. Eine Parfümwolke umhüllte ihn, die Spuren der Liebe zu verwischen, die Frau hauste in ärmlichen Verhältnissen, Waschgelegenheit in der Küche, kein Badezimmer, der Platz der Liebe notdürftig freigeschaufelt zwischen Bergen von Wäsche, die sich auf dem Bett türmten. Haujoch tauchte tiefer mit seinem Kinn. Langsam verschwanden seine Augen, draußen war es taghell, um ihn herum wurde es dunkler. Aus einer verfinsterten Hausecke sprang plötzlich ein Mann hervor, seine Schritte passten sich sofort an Haujochs Tempo an, gleicher Rhythmus, nur ausladender, so dass der Fremde sich unaufhaltsam näherte.

Haujochs Augen sahen nur den Schatten, bald spürte er den Atem des anderen. Er wusste nichts von den Bauernopfern. So hämisch es klang, ein Mann gegen hunderte Unschuldige. Sie würden hunderte von Menschen aufreihen, jeden dritten, vielleicht jeden zweiten, hervorziehen und kaltblütig liquidieren. Mindestens so viel war der dem Attentat zum Opfer gefallene Offizier wert. Außerdem Exempel, jawohl, es galt noch ein Exempel und wieder ein weiteres, grausamer als die anderen, zu statuieren. Oder ein Opferlamm. Falls das Opfer akzeptiert wurde. Jetzt konnten sich die beiden Männer fast berühren. Haujoch hatte sein Tempo beschleunigt, instinktiv, alles lief nur noch über den Instinkt, kein anderer Sinn spürte die Gefahr besser auf. Er passierte jetzt den Ort des Anschlags. Überall standen Polizisten. Dunkel gekleidete Männer.

Warum ich?, dachte Haujoch, ich bin nur zufällig hier vorbeigekommen, auf dem Weg zur Arbeit, ein Tag jedem anderen gleich, lasst mich zur Arbeit, der Mensch muss doch arbeiten. Die Hand des anderen griff nach ihm. Haujoch flog nach hinten. Er war nur einer der vielen anderen Stadtbewohner, die mit der Sache nichts zu tun hatten. Sind sie alle verrückt geworden? Ihre Blicke, warum durchbohrten sie ihn? Alle suchten ein Opfer für ihre Rache, einen Mittäter für das Verbrechen, einen, der Schuld, wo es keine Schuld gab, tragen sollte.

Im nächsten Moment hatte der Fremde ihn zu Boden gerissen und ihm seine Stiefel ins Kreuz gebohrt.

Warum ich?, dachte Haujoch noch einmal, warum ich, ich bin nur ein Passant, ein unbeteiligter, auf dem Passat vom Glück zur Arbeit, warum ich, nur weil ich zufällig an diesem Tag, um diese Zeit, an diesem Platz bin, warum ich, niemand ist zufälliger, niemand harmloser als ich, warum? Er sah nicht die Todesgefahr für hunderte anderer, die Schuld, die er schuldlos zu tragen half.

Als sie Jesus hinausführten, ergriffen sie einen Mann aus Kyrene namens Simon, der gerade vom Feld kam. Ihm luden sie das Kreuz auf, damit er es hinter Jesus hertrage. (Lukas 23:26)

32.
Tiefes Lebenstal - doch mit Seilbahn

Das Alte ist vergangen,
Doch meine Lebenswagen
Erstrahlen noch nicht neu.
In grauen schweren Tagen
Schicksale an mir nagen,
Verwehr'n die Sicht auf neue Freud.

Ihr längst gestorb'nen Stunden,
Wollt ihr mich länger wunden?
Obwohl ihr längst tot seid.
Ihr haltet mich umwoben,
Wehrt dem Entflieh'n nach oben,
Gönnt mir kein neues Lebenskleid.

Ach Herr, sieh doch mein Suchen,
Vernimm mein langes Rufen,
Gib mir noch einmal Kraft.
Öff'ne die Lebenstüren,
Lass Hoffnung mich neu spüren
Durch Deine unendliche Macht.

Inhaltsverzeichnis

(Bei den ungeraden <u>unterstrichenen Überschriften</u> handelt es sich um die Kurzgeschichten, dazwischen in kursiv die Überschriften der eingefügten Gedichte.)

Biografie

Ich wurde in Berlin geboren. Nach dem Abitur in Berlin habe ich Medizin in Berlin und München studiert und war nach meinem Studium ca. 40 Jahre in der Medizin tätig. Seit Ende 2023 bin ich berentet. Während meiner Berufstätigkeit habe ich nebenher eine Reihe von Manuskripten verfasst, ein Jugendbuch, Kinderbücher, Romane und Gedichte.
Einige sind seitdem über einen Self-publishing-Verlag veröffentlicht worden.

Neben einer Reihe anderer Veröffentlichungen hat der Autor auch folgende Gedicht- und Prosabände veröffentlicht:

Die Christyllische Weihnacht –
Weihnachten wie immer (und) anders
27 Kurzgeschichten mit je einem Bild, zu jedem Tag vom 1.-26. sowie 31. Dezember; sehr abwechslungsreiche Geschichten von Weihnachten im Kaufhaus, bei den Schildbürgern, in einem neuen Märchen, als Science-

Fiction und Weihnachtsgeschichten zur Zeit der Geburt Jesu. So abwechslungsreich, dass für jeden und jedes Alter etwas dabei ist (auch in Englisch erhältlich).

Die Insel der Figuren

Roman. Ein kleines Mädchen in Japan bekommt zum Geburtstag von ihrem Vater eine Puppe geschenkt. Als das Mädchen älter ist, wird die Puppe in einem kleinen Boot auf die Wellen des Meeres gesetzt. Offensichtlich eine Tradition ins Erwachsenenalter.

Einige Zeit später reist ein anderes Mädchen ihrer verschwundenen Puppe hinterher, eine spannende abenteuerliche Reise mit einem ungewöhnlichen überraschenden Ende beginnt.

101 Weihnachtsgedichtsbäume - gegen das Poesie-Waldsterben

Über 100 besinnliche, lustige, stimmungsvolle aber auch nachdenkliche Gedichte über die Weihnachtszeit.

Ostern- Gedichte zur Osterzeit

43 Gedichte mit christlichen Inhalten von Gründonnerstag bis zur Auferstehung Jesu, durchsetzt mit gedankenvollen Aphorismen.

Hinter dunklen Himmelswolken –
Gedichte in Zeiten der Trauer

74 Gedichte über Tod, Sterben, Hoffnung, Zuversicht, das Danach.

Der erdenkliche Mensch - Das Du im Ich

55 Gedichte, dazwischen Aphorismen, die sich nachdenklich und kritisch mit liebgewonnenen menschlichen Verhalten auseinandersetzen.

Das Moooondschaaaaf
(monatlich durch das Jahr)

Für jeden Tag eines Monats ein Gedicht aus Sicht eines auf dem Mond lebenden Schafs, das humorvoll, kritisch, skeptisch und wiedererkennend unsere Erde beäugt; zwischen jedem Gedicht ein Aphorismus; mit passenden lustigen Bildern aus Kinderhand; auch als Geburtstagsgeschenk für den passenden Geburtstagsmonat geeignet.